新哲学対話

ソクラテスならどう考える?

飯田隆

筑摩書房

新哲学対話——ソクラテスならどう考える？

【目次】

ケベス——あるいはAIの臨界　135

装幀　水戸部　功

新哲学対話——ソクラテスならどう考える?

序――台所の言葉で語る哲学

一九七〇年代半ばのことだと思うが、『プラトン全集』が岩波書店から刊行されるにあたって作られたパンフレットに、何人かのひとが推薦の言葉を寄せていた。そのなかでいまでも覚えているのは、プラトンでは台所の言葉で哲学が語られているといった趣旨の大森荘蔵氏のものである。

台所を舞台にしている対話篇はプラトンにはないし、古代のアテネでは、アゴラで買い物をするのは男の役目だとしても、台所で料理をするのはもっぱら女のつとめだったそうだ。また『饗宴』のディオティマという重要な例外を除けば、ソクラテスと問答を交わすのは男ばかりだから、「台所の言葉で」というのは文字通りにはあてはまらない。しかし、大森氏のこの言葉は、プラトンの対話篇から私が受ける感じをよく表してくれている。つまり、そこでは、日常の生活の言葉で哲学がなされているという感じである。

台所の言葉でということは、また、教室の言葉でではないということも含むように思われる。プラトンの描くソクラテスは、真理を知っていて（あるいは、知っていると思っていて）それを生徒に伝えようとするひとではない。教えるひとと教えられるひとの両方がいるのが、教室である。教えるひとは、教えることを知っているひとか、もしくは、知っていると思っているひとだから、ソクラテスのような存在は、教室では場違いだということになる。

台所の言葉では表せないような真理があることは疑いない。科学的真理の多くはそうした真理だろう。たしかに、日常の生活の言葉を使って、そうした真理がどのようなものであるかについて一応の観念をもたせることはできるかもしれない。しかし、それは真理そのものではなく、その影でしかない。したがって、教室で過ごす時間の大半は、日常の生活の言葉ではない言葉を習うために費やされることになる。

哲学が教室とまったく無縁だとは私は思わない。哲学の問題のなかには、その解決のために、特別の概念とそれを表す言葉が必要なものもあるからである。しかし、そうした必要性が出て来るということは、その問題が半ば哲学から離れて科学の側に近づいているということでもある。哲学のいちばん根底にあるものは、日常の言葉、すなわち、台所の言葉で営まれる生活のなかから出て来る疑問であったり迷いであろう。そして、ソクラテスこそ、こうした哲学の根底から決して離れなかったひとではないだろうか。

したがって、ソクラテスは、あくまでも日常の言葉に踏みとどまる。かれがすることは、台所の言葉では本来表現できない真理を、台所の言葉で言い表そうとすることではない。そもそもかれは、自分が探し求めている事柄についての真理を所有しているとは思っていないし、また、もしもそうした真理が見つかったとしても、そのための言葉として、日常の生活の言葉以外の言葉が必要になることはないと確信しているからである。

いまから百五十年ほど前に西洋の哲学が日本にもたらされたとき、それは、当時の日本語では表現できず、そのための言葉が新しく作られなければならないものと考えられた。したがって、それは、日常の言葉ではなく、そのための特別の言葉を必要とするものであり、それゆえ、教室で学ばれるべきものであった。日本において日常の生活の言葉で哲学をすることが可能になるために多くの年月が必要だったことは驚くにあたらない。

この過程のなかでプラトンの対話篇の翻訳の果たした役割は、決して見逃されてはならない。はるか昔の、日本語とはまったく異なる言語においてであっても、そこでは、われわれと同じように食べたり飲んだりする人間が、そうした生活のなかでの話題として哲学を語っている。そうした会話を日本語で再現するためには、われわれが、ソクラテスになったり、その対話相手になったりしながら、日常の言葉で哲学を考え、語らなければならない。それは当然、日常の日本語のなかに哲学の言葉としての可能性を見いだし育てることを伴った。

私の世代の前には、さいわいにも、大森氏を初めとする第二次大戦後の哲学の世代と、それに先立つ多くの人々の努力のおかげで、哲学を考え、語るのにそれほど不自由を感じないですむ日本語がすでにあった。それは、教室のなかでしか通用しないような日本語ではなかった。明治以来の西洋哲学の翻訳の多くが、教室のなかでしか通用しない言葉をまき散らす効果をもったのとは反対に、プラトンの翻訳は、日常の日本語でも哲学ができること、また、そうすることが哲学の本来のあり方であることを認識するのに大きく貢献したと私は思う。

プラトンの対話篇が与えてくれる喜びは、それが日常の生活の言葉で書かれていることだけにあるのではない。私の場合、他に少なくとも、ふたつのことが挙げられる。

ひとつは、そこで対話をしている人々がどのようなひとだったかを想像する楽しみである。哲学の歴史には、他にもいくつか有名な対話篇があるが、その多くにおいて、対話人物は単なる観念の絵解きでしかなく、そこに出て来るひとの風貌がどうだとか、その性格はどうかといった想像をめぐらす余地がない。それに対して、プラトンの対話篇においては、ソクラテスを初めとして、登場する他の人々についても、描かれている場面以外のところで、何をしているのだろうか、もしも別の話題が問題になれば、何を言うのだろうかといった事柄をつい想像したくなるように書かれている。これは、そうした人物が歴史上実在した人物だったということだけが理由ではあるまい。何よりも、プラトンの描写が、そうした人物の独立した存在をわれわれに伝えるからである。

もうひとつは、精巧に作られたものを目の当たりにすることの与えてくれる喜びである。多くの対話篇において、中心の対話は、その報告を導入するための別の対話のなかに、ときには何重にも埋め込まれており、そうした複数の対話に現れる人物もその舞台も、ある意図のもとに選ばれているようにみえる。ひとつひとつの対話篇が細心の注意を払って作られているだけではない。異なる対話篇どうしもまた、見えない糸でつながっているように思われる。こうしたことすべては、その仕組みを解き明かして、プラトンの真意を突き止めようとする企てにひとを誘いがちだが、たぶん、そうした企ては失敗に終わる運命にあるだろう。なぜならば、すぐれた芸術作品が、また、そうした作品を生み出す作者がすべてそうであるように、プラトンの個々の対話篇、そして、プラトンそのひとの哲学は、いくらでも多様な解釈を受け入れるからである。

ここに集めた四篇はいずれも、プラトンの対話篇のもつこうした魅力の何十分の一かでも含むようなものが書けたならという願望から書かれたものである。それは同時に、私が共感するようなソクラテスが、いまの私たちが当面している哲学的問題にどのように応対するかを描いたものがあったならば、それを読んでみたいという願望でもあった。このソクラテスは、不思議なことに、日本語を喋るし、その対話相手もみな日本語を喋る。しかし、私がいちばんよく知っているソクラテスが、わが国の先人たちによるプラトンの翻訳に出て来るソクラテスであることを考えれば、ここに不思議なことはない。より具体的に言えば、以下の頁は、世代を異にする三人の方々の労作、すなわち、田中美知太郎訳の『テアイテトス』(一九六六年、岩波文庫)、松永雄二訳の「パイドン」(一九七五年、『プラトン全集1』、岩波書店)、中澤務訳の『饗宴』(二〇一三年、光文社古典新訳文庫)に大きく負っている。何よりもまず、このことを記しておきたい。

さて、読者のために、以下の四篇のそれぞれが、どのような主題を扱っているのかを、ここで簡単に紹介しておこう。

「アガトン」は、『饗宴』と同じ夜の出来事の報告という体裁をとっているため、話の中心にあるのは、「いいワインとは何か」という問いである。ここから次のような問いが出てくる。すなわち、ひとのワインの好みはあれこれ議論できるものではないのか、もしくは、ワインの良し悪しは、主観的にしか判断できないものなのか、それとも、何か客観的な基準があるのか、あるいはさらに、それは、時代や社会に相対的なものなのか。こうした問いが、ワインに限ったものでないことは、見当がつくだろう。したがって、ここでの問題は、相対主義の問題だと言ってもよい。

「ケベス」の主題は、その副題「ＡＩの臨界」からもわかるように、人工知能という観念である。そこでの議論は、思考は計算に還元できるという主張の是非から始まって、計算機は、人間が「計算する」と言うときと同じ意味で計算するのかという問いに向かう。

「意味と経験」の主題は、ウィトゲンシュタインに由来する。かれは、「言語ゲーム」のなかでの使用が言葉の意味のすべてだと主張したかのように思われていて、かれが「意味の経験」という現象に強くこだわった哲学者であるということは、忘れられがちである。この「意味の経験」が、言語の理解においてはたして意味をもちうるのかという問いが、ここでの議論を導いている。

「偽テアイテトス」は、真作の「テアイテトス」と同様、知識の概念にかかわる。ただし、ここでの主題は、知識を定義することではない。それが提示するのは、知識が満たさなければならないとされている要件が、そのひとつひとつを取り上げれば、当然正しくなければならないと思われるのに、全部を合わせると矛盾に導くという事態である。

このように主題はまちまちであるので、どんな順番で読んでいただいてもかまわない。楽しんで読んでいただければ、作者としては、それ以上に望むことはない。ひとが楽しいと感じるものはさまざまであるから、自分に楽しく感じられるという理由だけで、何かをひとにもすすめるのは、正しいことではないかもしれない。しかし、哲学の議論を楽しいと思うのは、私ひとりだけではないと信じたい。

アガトン——あるいは嗜好と価値について

対話人物

アポロドロス　ソクラテスの弟子、本篇の語り手。

ソクラテス　五十代前半。

アガトン　悲劇詩人、三十歳くらい。

パウサニアス　アガトンのエラステス（年長の恋人）、おそらくソクラテスと同世代。

アリストファネス　喜劇詩人、三十代なかば。

1　アポロドロスの話

アポロドロス　アガトンが、レナイア祭での優勝を最初に勝ち取ったときに、かれの家で催された宴会の席に、アガトンとソクラテスの他にだれがいたか、そして、それぞれがどんな話をしたのかについて、きみたちに話してから、だいぶ時間が経った。ただ時間が経っただけではない。そのときにはソクラテスはまだわれわれのもとにいたのに、いまは、もはやそうではない。それだけに残念なことは、われわれに伝わったのが、このときに話されたことのすべてではなかったということだ。つまり、残念だったのは、アルキビアデスが話し終わってまもなく、たくさんの酔っ払いがおしかけてきて、大騒ぎになったあとも、ソクラテスとアリストファネスはまだ残って明け方までアガトンと話していたというのだが、その話の内容があまりはっきりしていないことだった。何しろ、この宴会で何が話されたかを話してくれたアリストデモス[*1]が、このときには睡魔に襲われて、ところどころしか覚えていないということだったからね。

ところが、幸いなことに、この話の全部ではないが、少なくともその途中までを知っているというひとがいたんだ。パイドロスがその恋人のエリュクシマコスと一緒に帰ったあとも、パウサニアスはまだ残っていたそうだ。何しろかれはアガトンにぞっこんだったからね。きみたちも知っているかと思うが、パウサニアスは、しばらく前にアガトン同様、マケドニアに移ってしまったが、僕が話を聞いたひとは、パウサニアスがアテネを去る前に、この宴会で酔っ払いが帰ったあとに残ったみんなが何を話したかを、かれから聞いたというのだ。

というわけで今回は、その場に居合わせたひとから直接僕が聞いたことではなく、その場に居たひとからの話を聞いたひとから僕が聞いた話をするわけだから、たぶん、まちがいや抜けているところもあるだろう。じつは、それだけではない。最初話を聞いたときには、何しろ知りたいと熱望していたことを知ったという喜びで、疑いなどまったく抱かなかった。しかし、この聞いてきたばかりの話を、僕の友達に繰り返してみせたところ、その友達が言うには、その内容にはいろいろと疑わしい点があるというのだ。もちろん、いまとなっては、このあいだきみたちに話した話のときのように、その真偽をソクラテスに確かめるすべはない。[*2] いずれにせよ、今回の話を最初に聞いたときに、記憶が新鮮なうちにと思って、聞いたことを対話の形で書きつけたものがここにあるので、これをきみたちに読んで聞かせよう。そのうえで、これが、そのときの様子を実際に伝えるものなのか、きみたちに判断してもらえればと思う。

さて、酔っ払いの一団が帰ったあとも残ったのは、ソクラテス、パウサニアス、アリストファネス、それに、アリストデモスの四人だったという。そこでアガトンはみんなに、新しいワインをふるまうように命じた。ワインがなみなみと注がれた特大の杯がもって来られ、左から右へと順にまわされ、それに口をつけた者たちは次々にその味をほめたたえた。アリストデモスだけは、もう、うつらうつらしていたので、ワインには口をつけなかった。話のきっかけとなったのは、パウサニアスが漏らした一言だったそうだ。

パウサニアス　こんなにうまくて、いいワインなのに、世の中には、これをおいしいとは思わない者もいるとは、驚きだね。

アガトン　おほめにあずかって恐縮です、パウサニアス。しかし、うまいワインと思うかどうかは、ひとそれぞれですから。

パウサニアス　それはそうだが、これをうまいと思わない者はみなまちがっていると言ってかまわないだろう。

アガトン　いいえ、お言葉ですが、それには反対です。いまこの場にいるだれかが、このワインはうまくないと言ったとすると、何と失礼な奴だろうと思いますが、それでも、「まちがったことを言わないでほしい」とは言えません。おいしいと思うか、おいしくないと思うかは、そのひとが決めることで、他人が口出しできるようなことではないからです。

アリストファネス　ほら、また始まった。アガトンは、パウサニアスの言うことにいちいちケチをつけないと気が済まないとみえる。もっともアガトンは、そうすることこそ、ふたりの絆を強めると言っているようだが。[*3]

パウサニアス　そのことはいい。それより、アリストファネス、きみもやはりアガトンに賛成するのかね。

アリストファネス　そうだね。「蓼食う虫も好き好き」とか「*De gustibus non est disputandum*（味についてはは論議すべきでない）」[*4]とか言うからね。

パウサニアス　しかし、ワインの味がわかるかどうかということがあるぞ。ワインを飲んだことのない未開人や、まだワインを飲み慣れていない子供のような場合は、どんなにいいワインであっても、おいしいとは感じないだろう。かれらはまちがっているのではないかね。

アガトン　目の前のワインがおいしいかどうかをひとが知るのに、それを自分で味わう以外の方法がありますか。見かけだけで、このワインはおいしいと知ることができますか。

アリストファネス　おいしそうに見えたワインがまずかったということは、よくあることでね。

アガトン　自分以外のだれかがそれを味わって、「おいしい」と言ったからといって、それがおいしいワインだと知ったことになりますか。

パウサニアス　それはそうだ。たしかに、自分で味わわなければならない。

アガトン　そうでしょう。自分で口をつけてみて、おいしいかどうかみる以外に、おいしいかどうかを知る方法はないのです。自分においしいと感じられれば、おいしいワインであり、おいしいと感じられなければ、そのワインはおいしくないのです。

アリストファネス　そう。そして、どんなワインをおいしいと感じるかは、ひとによってばらばらだ。それは、俺から見てどんなにおかしい話でも、にこりともしない奴がいるかと思えば、どこがおかしいんだろうと思うような話に大笑いする奴がいるのと同じだ。

アガトン　おかしな話かどうかは、その話を聞くひとがおかしいと思うかどうかで決まります。他の観衆がどんなに笑っていても、ちっともおかしいと自分で思えなければ、そのひとにとって喜劇は喜劇ではないのです。

アリストファネス　残念なことに、そういう奴は必ずいる。腹を抱えて笑っている連中に囲まれていながら、「何がおもしろいんだ」といった顔をしている奴だ。

アガトン　そう。「おもしろい」とか「つまらない」とかも同じです。話でも芝居でも、おもしろいかつまらないかは、それを聞いたり見たりするひとが、そう思うかどうかによって決まり、だれもが同じものをおもしろいと思うわけでも、つまらないと思うわけでもないということは、否定できないでしょう。

パウサニアス　いいや。おいしいワインというのは、ひとによって違うわけではない。ワインの味がわかっていない者が飲んでみて「おいしい」と言ったからといって、そのワインが本当においしいということにはならないよ。

アガトン　ただおいしいと感じられるだけでは、「本当においしい」ということにはならないと言われるのですか。

パウサニアス　そうだ。

アガトン　ワインの味がわかるひとがおいしいと感じれば、本当においしいけれども、そうではないひとがおいしいと感じても、本当においしいのではないということですね。

パウサニアス　まさに、その通り。

アガトン　しかし、いわゆる「ワインの味がわかるひと」のあいだで、おいしさの判断はいつも一致するのですか。

アリストファネス　「ワインの味がわかる」と自称している連中どうしの仲の悪さは、みなさんご承知の通り。あるワインをアケストルがほめると、テオロスは、それを最低のワインだとこきおろすのさ。[*5]

アガトン　アリストファネスの言う通りだと思いませんか。結局のところ、各人がおいしいと思うワインが、そのひとにとってのおいしいワインで、どんなワインがおいしいと思うかは、ひとによって千差万別だということでしょう。

アリストファネス　個人のあいだだけじゃない。エジプト人のもとに行ってみたらいい。そこのワインを好む者もいるが、それは、長年住んでそこのワインの味に慣れたからのことで、俺に言わせれば、エジプト人がおいしいワインとするものは飲めたものじゃないね。

アガトン　われわれの祖先のことを考えてもよいでしょう。アキレウスが飲んでいたようなワインは、われわれの舌にどう感じられるでしょうか。あるいは逆に、はるか未来に生きるひとたちが、どんなワインを飲むことになるかを想像してみましょう。われわれはいま、ワインを水で割るのは当然だと思っていますが[*6]、いまから何千年も先のわれわれの子孫は、何か別のもので割ったワインを飲んだり、生《き》のままのワインを飲んだりするようになるのかもしれません。そうした人々だって、おいしいワインとそうでないワインとを区別するでしょうが、それが、われわれの多くがいま行っているような区別と同じだとは思えません。先ほどアルキビアデスがそうした[*7]ように、ワインを生《き》のままで飲むことが普通になっているような社会とは、とんでもなく堕落した社会[*8]だとは思いますが。

アリストファネス　それは偏見だよ、アガトン。そうした社会こそ、アルキビアデスや俺のような酒飲みにとっての天国だろう。

パウサニアス　悲劇詩人に喜劇詩人とふたりがかりで来られては、なす術もない。ソクラテス、きみは先ほどから、笑って話を聞いているだけだが、どうかここは助太刀を頼みたいものだ。

3　ソクラテスが議論に加わる

ソクラテス　僕が黙っていたのはね、いったい、いつのまに僕はアガトンにお株を奪われてしまったのかと考えていたからだ。アリストファネス[*9]に続いてアガトンにまでというのだから、これは喜んでいいのか、それとも悲しむべきなのか。もっともアリストファネスが芝居に出した人物は、僕とはずいぶんやり方が違うから、僕と同名というだけの別のだれかだったようだが。

アガトン　あなたのお株を奪ったなんて、滅相もありません、ソクラテス。私たちのだれを相手にしても、あなたなら簡単に、同じことに、一方で賛成させ、他方で反対させて、身動きできないようにすることができるでしょう[*10]。

ソクラテス　いやあ、それは聞き捨てならないね。決して僕はそんなつもりでひとと話したりはしないよ。僕の相手が同じことに賛成すると同時に反対するとしても、それは、僕のせいでそうなるのではなくて、そのひとが、もともとそうしていただけのことだ。

アガトン　ソクラテス、あなたもどうして、ひとがわるいですね。いいですから、いまの私たちの話についてどう思われるかを、ぜひ聞かせてください。

アリストファネス　そうそう、ただひとつだけ断っておくが、パウサニアスの説に俺が反対して、このワインをおいしいと思わない奴にもそう主張する権利はあると言うとき、アガトンのワインがおいしくないとか、われわれにはワインの味がわからないとか言うつもりは、まったくないよ。

ソクラテス　もちろん、わかっているさ。それで、アガトン、確かめておきたいのだが、きみは、おいしいワインとは、それを味わうひとごとに違うと言うのだね。

アガトン　はい、そう言います。

ソクラテス　きみがそう言う理由は、ふたつのことから出て来ると思うのだが、そのことを確かめてよいかね。

アガトン　もちろん。どうぞ。

ソクラテス　まずひとつは、おいしいワインとは、それを味わえばおいしいと感じられるワインのことだというものだ。これでよいかね。

アガトン　はい。

ソクラテス　そして、さらに言えば、このことは、もっと一般的に、何かがおいしいということは、それを味わえばおいしく感じられるということと同じだからだとしてよいかね。

アガトン　はい。ワインであろうが、魚であろうが、何でも味のあるものについて、それがおいしいということは、まさに、それを味わえばおいしく感じられるということです。

ソクラテス　そして、おいしいワインとは、それを味わうひとごとに違うときみが言うもうひとつの理由は、おいしいと感じるかどうかは、ひとごとに違うということだと思うが、これもそれでよいかね。

アガトン　ソクラテス、あなたの言われる通りです。

パウサニアス　いまのふたつの理由のうちの二番目、何かをおいしいと感じるかどうかは、ひとごとに違うというのは、僕も正しいと思う。だが、一番目の方、つまり、おいしいこととおいしく感じられることとが同じだというのは、あたっていないと僕は思うね。なぜなら、このワインがおいしくないと感じるとか、おいしいとは感じられないと言う者がいまここにいたら、こんなおいしいワインをおいしく感じられないなんて気の毒だと僕は思うが、そう言うひとが嘘を言っているとは思わない。だって、そいつは、自分がどう感じるかを言っているだけだから、そのことでまちがいようはないからね。しかし、もしもそいつが、このワインはおいしくないと言うならば、それはまちがいだから、僕ははっきり反対するよ。

アガトン　でも、おいしいと感じられることとは別に、おいしいということがあるなど信じられますか。先にも言ったように、自分で味わっておいしいかどうかをみる以外に、何かがおいしいかどうかを知る方法はないでしょう。

ソクラテス　つまり、何かがおいしいとか、おいしくないということは、それをだれが味わうのかと関係なしには言えないというのだね。

アガトン　そうです。だれかがこのワインはおいしくないと言うとき「おいしくない」は、「自分にはおいしくない」、つまり、そのひとにはおいしくないということでしょう。パウサニアス、あなたがそれに反対して、このワインはおいしいと言うとき、あなたの「おいしい」も、「自分にはおいしい」ということでしかないはずです。そして、「自分にはおいしい」ということは、「自分においしく感じられる」ということ以外の何物でもないでしょう。

ソクラテス　そうすると、ついいましがたパウサニアスが言ったように、「おいしく感じる」とか「おいしいとは感じられない」と言うひとに対して反対できないのと同様に、「おいしい」とか「おいしくない」と言うひとに対しても反対はできないということだね。

アガトン　そうです。

ソクラテス　もっとはっきり言って、ふたりのひとがいて、一方が「これはおいしい」と言い、他方が「これはおいしくない」と言っているとき、そのふたりは、同じものがそれぞれにどう感じられるかを言っているだけで、その限りでは、ふたりの言い分をどちらも認めるしかないと、アガトン、きみは言うのだね。

アガトン　そうです。ひとが何かを味わって、「おいしい」とか「まずい」とか言っているときに、そのひとの言い分を認めなくてはならないのは、痛がって「痛い」と言っているひとに、まちがっていると言って反対できないのと同じです。「おいしい」とか「まずい」とか言っているひとに「本当か」とか「ちゃんと確かめたか」とかと聞き返しますか。

ソクラテス　いま味わったばかりのワインについて、それがおいしいかどうかを論議するというのは、よくあることだよね。

アガトン　ええ。今夜だって、それはありました。

ソクラテス　そういうとき、いったいひとは何をしていることになるのだろうか。もしも「おいしい」ということが「自分にはおいしい」ということと同じなのだとしたら、ワインの味についてああだこうだと言っているひとたちは、自分の好みをたがいに言い立てているだけなのだろうか。とくに、同じワインについて、ひとりが「おいしい」と言い、もうひとりが「おいしくない」と言う場合は、どうなるんだろう。このふたりは、たがいに相手の言うことに反対しているのではないのか。しかし、アガトン、きみが言うことが正しければ、ふたりは、ワインが自分にどう感じられるかをそれぞれ言っているだけで、何もたがいの言うことを否定しているわけではないことになってしまう。でも、当のふたりはそうは思わないだろう。

アガトン　ワインの味について、つかみかからんばかりに興奮して議論するひとたちがいることは、私も知っています。しかし、考えてみれば、自分の好みにけちをつけられることほど頭に来ることもないでしょう。自分が深く思っている相手のことをけなされたときのことを考えてみたらよいでしょう。だから、自分がおいしいと思っているワインを相手がまずいと思っていることがわかれば、そのこと自体は認めても、そういう相手の好みはまちがっていると考えるはずです。

ソクラテス　たとえば、僕がきみに「このあいだカリアス[*11]のところで出たワインはおいしかったね」と言うとしよう。さらに、それに答えて、きみが「いいえ、あのワインはおいしいワインではありませんでした」と言うとき、きみは、僕の言ったことがまちがっていると言っているのではなく、僕のワインの好みがひどいものだと言っていることになるのかね。

アガトン　ええ、そうです。もうひとつあります。このワインがどんな色をしているかが問題になったとしましょう。ひとりは、それが紫に近い濃い赤だと言い、もうひとりは、それがむしろピンクに近い淡い赤だと言うとします。このとき、どちらの言い分が正しいかは、いろんな仕方で決めることができると、われわれは考えますよね。たとえば、淡い赤からだんだん濃い赤に移って行くような、赤のさまざまな色合いを示した図のどのあたりに、その色があるかを判定させるといったやり方があるでしょう。それに対して、このワインがおいしいのか、それとも、おいしくないのかという問いは、どうでしょう。いくら熱を込めてワインの味について論じ合っている連中でも、それが、その本当の色が何であるかのように決着のつく問題ではなく、結局のところは、それぞれの好みによるしかないことを知っていると思います。だから、たぶんいちばん賢明な道は、そうした議論をできるだけ避けることではないでしょうか。

ソクラテス　好みについては争うなということだね。そこで、もうひとつたずねるが、まだ味わったことのないワインについて、その味をひとに聞くということはないかね。

アガトン　それは、ありますね。

ソクラテス　きみの考えで行くと、あるワインがおいしいかとひとに聞くとき、きみは、そのワインについて聞いているというよりは、そのひとの好みについて聞いているということになりそうだが、それでよいかね。

アガトン　相手の好みについてしか聞いていないわけではありませんよ。そのワインがそのひとにとっておいしいかどうかを聞いているわけですから、そのひとの答えは、そのひとについてだけでなく、ワインについても何かを教えてくれます。つまり、そのワインの味は、相手が好むような味だということを教えてくれます。その相手が、自分のよく知っている相手で、その好みもよく知っているならば、それが、自分の好みと同様なのか、それとも、かけ離れているかも知っているはずです。だから、こうしたことを聞くことは、役に立つでしょう。

ソクラテス　なるほど。アガトン、僕はきみにほとんど説得されそうになっているよ。

パウサニアス　ソクラテス、説得されては駄目だよ。アガトンはそう言うけれども、おいしいワインは、ひとごとに違うというのは、やはりおかしいよ。私が前にも言ったように、そもそもワインの味がわからないような者がおいしいと言うようなワインが、おいしいワインであるわけはない。おいしいワインであるということと、だれでもよいだれかがそれをおいしいと感じたり思ったりすることとは、別のことだ。

ソクラテス　パウサニアス、きみは、おいしいワインとおいしく感じられるワインというのは、違うものだと考えるんだね。

パウサニアス　そうだよ。

ソクラテス　おいしいのに、それがおいしく感じられないようなワインがあるのだろうか。

パウサニアス　そうしたワインがだれにとってもあるというわけじゃない。ワインの味がわからない者は、おいしいワインなのに、それをおいしく感じられないんだ。

ソクラテス　おいしく感じられるのに、おいしくないワインもあるわけだね。

パウサニアス　そう。これも、ワインの味がわからない者にとってはあるということだ。そうした者がおいしく感じるワインが、おいしいワインでないことは、しばしばある。

ソクラテス　おいしいということと、おいしく感じられるというのは、ワインの味がわかる者にとっては一致しているのに、そうじゃない者にとっては一致していないというわけだね。

パウサニアス　その通りだ。

アガトン　しかし、おいしいワインを味わっていながら、それをおいしいと思わないというのは、そもそも、おかしくありませんか。甘い菓子を味わっていながら、それが甘いと思わないひととは、どんなひとですか。

ソクラテス　病気で味がわからなくなっていたり、直前に何か他の味の濃いものを食べたり飲んだりした場合には、甘いものを甘く感じないということはあるだろう。

アガトン　それは認めます。でも、いまは、そうした場合を除いて考えましょう。つまり、そうした場合を除外すれば、甘い菓子を味わいながら、それが甘いと思わないひとはいないでしょう。

パウサニアス　それは、甘いことと、甘いと感じられることとは、だれにとっても同じことだが、ワインがおいしいことと、それがおいしく感じられることは、ごく少数の者にとってしか同じではないというだけのことだ。

ソクラテス　でも、何を食べてもその味を感じないようなひとがいたら、そのひとは、甘い菓子を食べても甘く感じないだろう。

アガトン　どんなものを食べたり飲んだりしても、その味をまったく感じないというひとがいることは聞いたことがあります。[12]でも、それはごく稀でしょうから、それも例外としておきましょう。

ソクラテス　では、こんな具合いに考えることになるのかな。何かが甘いということと、甘く感じられるということは、ものの味をそもそも感じる能力を備えていて、病気だとか、直前に濃い味のものを食べているといった、その何かを味わうのに適切でない状態にあるのでないひとにとっては、同じだと。

パウサニアス　これはまた、ひどく回りくどい言い方だね。僕には、ちょっとお手上げだ。アガトン、きみならわかるだろう。これでよいかね。

アガトン　わかります。大丈夫でしょう。

ソクラテス　でも、それならば、ワインの味についても同様なことが成り立つのではないだろうか。つまり、ワインがおいしいことと、そのワインをおいしく感じるということは、病気ではないとか、云々でないといった、ワインを味わうのに適った状態にあり、ワインの味を感じる能力を欠いていないひとにとっては、同じだと。

パウサニアス　こうした言い方に付いて行くのは、僕にはむずかしいんだが、でも、ここには、大事な点がひとつ欠けているような気がする。ワインの味を正しく判断するには、甘さの場合と違って、ものの味を感じる能力をもつだけでは十分ではない。ワインの味を感じる能力というだけではなくて、ワインの味というものについてわかっていることが不可欠なんだ。

ソクラテス　では、どう言えばよいと、きみは言うんだね。

パウサニアス　ものの色とか、甘いとか辛いといった単純な味は、だれでもそれとわかる事柄だが、ワインの味がわかるようになるためには、生まれつきの才能と豊富な経験が必要だ。だから、ワインの味がわかっているひとが、ワインを味わうのに適切な状態と環境のもとで味わって、おいしいと感じるワインが、本当においしいワインということになるんだ。ワインを正しく味わうために、どんなにいろいろな準備と注意が必要かは、きょうの宴会の準備をしたアガトンがよく知っているだろう。

アガトン　パウサニアス、ありがたいお言葉ですが、そうした事柄については、あなたの方がずっとよくご存じのはずです。それはともかく、あなたがいまされたように、おいしいワインということを、ワインの味がわかるひととか、ワインを正しく味わうのに適した状態といったことを持ち出して説明することには、大きな問題があると私は思います。

ソクラテス　アガトン、その点はまた後に詳しく言ってもらうが、きみたちは、少なくとも一点については、意見が一致していると僕には思われる。

アガトン　いったいどこで一致していると言われるのですか。

パウサニアス　そう。どこでわれわれが一致しているのか、僕にもわからないね。アガトンは先ほどから、僕の言うことすべてに反対しているじゃないか。

ソクラテス それはごく簡単なことだ。きみたちはふたりとも、「おいしい」ということを、「味わえばおいしく感じられる」ということと結び付けている点で一致している。

パウサニアス それはそうだが。

ソクラテス 違いは、アガトンが、おいしいと感じるかどうかは、味わうひとによって違うから、おいしいということも、ひとによって違うとするのに対して、パウサニアス、きみは、だれでもよいだれかにおいしく感じられるかではなく、ある特定のひとたちにおいしく感じられるということが、おいしいということだとする点にある。

アガトン ソクラテス、あなたの言われる通りです。

ソクラテス ここから、もうひとつの違いが出て来る。アガトンによれば、おいしいということは必ず「だれかにとって」ということを必要とするのに、パウサニアス、きみによれば、おいしいことは、だれにとっても同じだ。

パウサニアス そうだ。おいしく感じられるということは「だれにとって」ということを必要とするけれども、おいしいということは、そうではないからね。

ソクラテス その点で、パウサニアス、きみによれば、ワインがおいしいということは、何かが甘いとか、赤いといったことと同様に、ひとによって違うものではないことになる。

パウサニアス　「おいしい」が、「甘い」とか「赤い」とまったく同様だとは、僕は言わないよ。

ソクラテス　わかっているさ、パウサニアス。たしかに、何かが赤いかどうかを正しく判断することは、たいていの者にできるのに、ワインがおいしいかどうかを正しく判断することができるのは、ごく限られたひとたちだけだというきみの主張を忘れたわけではない。しかし、赤ではなくて、もっと微妙な色合いが問題となっていると考えてみたらよい。アガタルコスを知っているかい。

パウサニアス　うん。絵描きだろう。

ソクラテス　そう。アガタルコスならば見分けられるけれども、僕たちには見分けられないような、特定の赤の色合いといったものはないだろうか。

パウサニアス　そうした色合いがあっても、おかしくないね。

ソクラテス　だから、パウサニアス、きみの主張は、ワインのおいしさも、こうした特定の色合いと同じで、それを認めるためには、絵画におけるアガタルコスのような専門家が必要だと言うのと似ていると考えたらどうだろう。たまたま、赤の場合には、そうした専門家は必要ない、あるいは、みんながそうした専門家になれるというだけで、ワインの色とワインのおいしさとのあいだの違いは、程度の違いにすぎないと言ってよいのではないかね。

アガトン　でも、アガタルコスが、ここに問題の赤の色合いがあると私たちに示してくれたら、そのことに私たちも気付きますよ。たとえば、先にも例に出しましたが、さまざまな色合いの赤のなかにその色合いをおいてみればよいでしょう。それに対して、いくら「ワインの専門家」が、このワインはおいしいと言っても、それがおいしいとは感じられないひとは必ずいますよ。そして、さまざまな色合いの赤の場合と違って、そういうひとには、さまざまな味のワインを示したからといって、問題のワインの「おいしさ」を認めさせることはできないでしょう。

パウサニアス　それは、味の判定の方が、色の判定よりもむずかしいというだけのことだ。たとえば、ふたつの異なる色合いの赤ならば、その違いは、たいていの者にとって明らかだが、ふたつの杯を出されて、味が違うかどうかと聞かれたときに正しく「違う」と答えられる者は、それほど多くないさ。だから、これも、ソクラテスの言い方を借りれば、程度問題じゃないだろうか。

アガトン　でも、そのふたつの杯には、違う味のワインが入っていると正しく答えられたひとたちに、どちらがおいしいかと聞いてみてごらんなさい。みんながみんな、同じ答えをするとは限りませんよ。ですから、おいしいかどうかは、甘いかどうかとか、辛いかどうかとは、はっきり別のことでしょう。さらにもうひとつあります。パウサニアス、おいしいワインということを説明するあなたのやり方について、先に私が問題だと言った点です。

4　いいワインとはワインの味がわかるひとがおいしいと感じるワインか

アガトン　そもそも、ワインの味がわかるひととはだれですか。さっきアリストファネスが言っていたように、アケストルとテオロスはどちらも、自分はワインの味がわかると言っていますが、あんなにふたりの意見が食い違っているのならば、ふたりともがワインの味がわかっているとは言えないでしょう。ワインの味がわかるひととは、どういうひとのことを言われるのですか。

パウサニアス　それに答えるのはむずかしくない。ワインの味がわかるひととは、ワインについての知識をもっているひとのことだ。

アガトン　なるほど。しかし、もうひとつ聞かせてください。ワインについての知識といっても、いろいろありますが、どんな知識をもっていることが必要なのでしょうか。たとえば、どのようなワインがどのような病気に効くとか、どのようなワインを飲めば、酔いがはやくまわるとか、そういったことについての知識なのでしょうか。

パウサニアス　いや、そうしたことではない。ワインの味についての知識だ。

アガトン　どんなことを知っていれば、ワインの味についての知識をもっていると言えるのでしょう。

パウサニアス　どのような種類のワインがあるのか、そして、それぞれの種類のワインは、どのようにして飲むのがよいのか、たとえば、冷やして飲む方がよいのか、それとも冷やさない方がよいのか、あるいは、どんな割合で割って飲むのがよいのかといったことを知っている者は、ワインの味についての知識をもっていると言ってよいだろう。

アガトン　パウサニアス、あなたはいま、ワインの味についての知識のなかには、冷やして飲むのがよいか、それとも冷やさない方がよいのか、また、どんな割合で割って飲むのがよいかを知っていることが含まれると言われました。このときの「よい」というのは、何か「病気を治すのによい」とか「早く酔うのによい」と言うときの「よい」と同じですか。

パウサニアス　いや、違う。

アガトン　それでは、「冷やして飲む方がよい」とあなたが言われるときの「よい」とは、何に「よい」のでしょうか。

パウサニアス　ワインを味わうのに「よい」ということだよ。

アガトン　どのような意味で、ワインを味わうのによいのでしょうか。ワインの味がどうであるかを正確に知るためによいのでしょうか。

パウサニアス　それもある。

アガトン　ところで、ワインの味を正しく知ることのなかには、そのワインがおいしいか、それともまずいかを知るということも、含まれているのではありませんか。

パウサニアス　それはそうだ。

アガトン　つまり、ワインの味がわかるひとは、どんなワインがおいしいか、それとも、おいしくないかという知識ももっていなくてはならないことになりませんか。

パウサニアス　どうやら、そうなりそうだな。

アガトン　何かがおいしいワインであるかどうかは、何によって決まるのでしたっけ。

パウサニアス　それは、ワインの味がわかる者が味わって、おいしく感じるかどうかだ。

アガトン　それでは、ワインの味がわかる者は、どんなワインがおいしいかどうか、つまり、どんなワインが、ワインの味がわかる者が味わっておいしく感じるかを知っていなければならないということですね。

パウサニアス　たしかに。

アガトン　そうすると結局のところ、ワインの味がわかるひとはどんなひとかという問いに答えるためには、ワインの味がわかるひととはどんなひとかを知っていなくてはならないということになりませんか。

パウサニアス　何となくそうなりそうな気がするが、まだひとつ、呑み込めないよ。

アガトン　では、こういう具合いに言ったらどうでしょうか。パウサニアス、あなたは、一方で、おいしいワインということを、ワインの味がわかるひとということで説明しましたよね。他方で、ワインの味がわかるひとということの説明には、おいしいワインということが必要になりました。でも、それだと、おいしいワインがどういうワインのことなのかわかっていなければ、あるひとがワインの味がわかるひとかどうか決められないことになってしまいます。ワインがおいしいかどうかを知るには、ワインの味がわかるひとがどういうひとかを知らなければならないのに、このことを知るためには、ワインがおいしいかどうかを知らなければならないというのは、循環でしょう。

パウサニアス　いいよ。降参するよ。

ソクラテス　いやあ、アガトン、なかなか見事なものだね。きみが謙遜していただけだということは、僕にはよくわかっていたよ。しかし、パウサニアス、きみだって必ずしも落胆する必要はないよ。なぜそうかを説明する前に、もうひとつはっきりさせておきたいことがある。

アガトン　何でしょうか、ソクラテス。

ソクラテス　僕たちは、「おいしいワイン」と言うだけじゃなくて、「いいワイン」とも言うね。

アガトン　はい。両方の言い方があります。

ソクラテス　それで僕の問いは、このふたつは同じか違うかということなんだ。

パウサニアス　それは同じことだよ。

ソクラテス　アガトン、きみはどう思うね。

アガトン　もちろん、おいしくないのでは、いいワインとは言えませんから、いいワインは少なくとも同時においしいワインでなくてはならないと思います。でも、おいしいワインというのは、ひとごとに違いますから、いいワインとされるものが、だれにとってもおいしいワインだとは限らないということにもなるのかもしれません。

ソクラテス　つまり、きみは、おいしいワインはひとごとに違うが、いいワインはひとによって違ってはならないと考えるのだね。

アガトン　たしかに、「いいワイン」とわれわれが言うとき、それは、ひとによって違うという具合いには考えられていないように思われます。「いいワインだ」とひとが言うとき、それはただ、そのワインがそのひとにおいしく感じられると言っているだけじゃないような気がしますから。

ソクラテス　たとえば、「いいワイン」ということには、ただおいしく感じられるということでなく、熱を下げるとか、消化を助けるといったこともあるのではないかね。もしそうならば、いいワインがだれにとっても同じだということは、説明がつくのではないだろうか。そして、そういうことに詳しいのは、アケストルとかテオロスといった、いわゆるワインの通ではなく、医者の方だと僕には思われる。[*13]

アガトン　ソクラテス、あなたのおっしゃることは、たしかにもっともですが、ワインが病気に効くのは、いわば、ワインそのもののもつ徳（アレテー）ではなく、むしろ二次的なものだと思えます。その証拠に、ワインは病気に効くだけでなく、逆に病気を引き起こしたりもします。

ソクラテス　熱を下げるとか、元気をつけるといったことは、ワイン本来の徳ではないというわけだ。では、ワイン本来の徳とは何かね。ひとを酔わせることかね。

アガトン　ひとによっては、酔いがはやくまわるワインほど、いいワインだと言うかもしれませんが、ふつう、それがいいワインのしるしだとは考えません。やはり、ワインの良さは、それがおいしいかどうかで決まるのでしょうから、ワイン本来の徳とは、おいしいということでしょう。

ソクラテス　では、何かが「いい」と言われるのは、それがその本来の徳を備えているときだから、アガトン、きみが最初に言ったように、いいワインとは、おいしいワインのことだということになる。これでよいかね。

アガトン　それは、そうなのですが、でも、そうすると結局、いいワインも、ひとごとに異なるということになってしまいます。

ソクラテス　そりゃあ、そうだね。アガトン、きみによれば、おいしいワインというのは、ひとごとに違うワインだったからね。これでは困ったことになると、きみは思うんだね。

アガトン　ええ、一方ではそう思いますが、他方では、一般に考えられていること、つまり、いいワインとはひとによって違ったりしないというのは、本当なのだろうかとも思います。

ソクラテス　いいワインは、ひとごとに違うというのが、じつは本当かもしれないと思うのだね。

アガトン　はい。

ソクラテス　パウサニアス、きみはどうだ。いいワインとはひとごとに違うのだろうか。

パウサニアス　とんでもない。いいワインかどうかは、ひとによって違ったりしない。何をいいワインと考えるかが、ひとによって違うだけだ。

ソクラテス　ワイン本来の徳がおいしいことだという点はきみも認めるのだね。

パウサニアス　そうだ。おいしいワインかどうかは、ひとによって違ったりしないし、いいワインというのは、おいしいワインのことだから、いいワインもまた、ひとによって違ったりはしない。

ソクラテス　やれやれ、また同じところに戻ってきてしまったね。アガトンは、おいしいワインはひとごとに違うから、いいワインもひとごとに違うと言い、パウサニアスは、おいしいワインはひとによって違ったりしないから、いいワインもひとによって違ったりはしないと言う。

さて、ここはどうしたらよいものだろう。

アガトン　アリストファネスは、さっきから話に加わっていませんが、私は、かれがどう考えるかを知りたいと思います。

ソクラテス　そうそう。アリストファネス、きみとしては珍しいことに、先ほどから黙っているが、ここまでの話について、どう思うね。

アリストファネス　おや、俺にもお鉢が回ってくるとは思わなかった。じつは、先ほどから急に眠気がおそってきて、いまの話もぼんやりとしか聞いていなかったのだが、何がいいワインかについては、俺にも考えがないわけではない。

ソクラテス　ほお、それはいい。ぜひ、きみの考えを聞こうではないか。

アリストファネス　アガトンは、いいワインは、ひとりひとり違うと言う。パウサニアスは、いいワインというのはひとによって違うものではないが、いいワインを見分けられるのはワイン通だけだと言う。つまり、パウサニアスは、ワイン通がいいと言うワインが、いいワインだと言っていることになる。

ソクラテス　その通りだ。簡潔でいいまとめ方だね。

アリストファネス　俺の考えでは、いいワインというのはひとごとに違いもしなければ、また、ワイン通がいいと言うワインでもない。

パウサニアス　じゃあ、アリストファネス、いいワインとはどんなワインのことだ。
アリストファネス　俺の答えは簡単だ。いいワインとは、多くの者がおいしいと思うワインのことだ。
パウサニアス　これまで繰り返し言ってきたように、そもそもワインの味がわからないような者がおいしいと思うワインが、いいワインであるわけがない。そして、ワインの味がわかる者というのは、少数しかいないんだ。
ソクラテス　まあ、まあ。アリストファネスの考えを聞こうではないか。

5　アリストファネスの話

アリストファネス　今夜われわれは、アガトンの優勝を祝って集まったわけだ。アガトンが優勝したことには、何の異存もない。アガトンの作品はまさに、その栄誉にふさわしい出来だった。ところで、この正しい判断を下したのはだれだろうか。十人の審査員だと諸君は言うだろう。諸君も知っているように、芝居のことをまったく知らない者が審査員に選ばれるということはないだろうが、選ばれた十人は決して、われわれ市民のなかでだれよりも芝居に詳しい者というわけではない。かれらは、どの作者がいちばんすぐれているかをどうやって決めるのだろう。自分にそう思われるかどうかで決めるのだと言われるかもしれない。しかし、そんなことはまったくないのだ。何よりも、かれらが、かれらだけで舞台を見るわけではないということがある。かれらは、劇場いっぱいの大観衆と一緒に舞台を見るわけだから、観衆の拍手や野次もすべて見聞きするわけだ。これが、かれらの判断に影響を与えないはずがない。だいいち、観衆にもっとも人気がある作者をさしおいて、他の作者に賞を与えようとしたりするものならば、そういう者はその後長いこと、偏屈者という評判に甘んじなくてはならない。さもなくば、何か鼻薬をきかされたにちがいないとか、コレゴス*14におべっかを使っているなどといった、もっとよくない評判を立てられるだけのことだ。こんな危険を冒そうなどとする者が多くないことは明らかだ。

ひとの好みはさまざまだし、こいつの好みは正しいが、そいつの好みはまちがっているなどということはないのだから、結局のところ、どれだけ多くの者の好みに合うか以外に、どう優劣がつけられるだろうか。さらに言えば、少数の者が多数の者の好みを操作することだって、できないことはない。アガトンの名誉のために、今回の場合にはそうしたことはいっさいなかったと神かけて誓うが、これまでには、観衆のなかにサクラをばらまいたり、金で買収したりして、特定の作者に大喝采を送らせたりしたこともあったのは、みんなも覚えているだろう。

ワインの場合だって、これと同じことだ。どんなワインを好むかも、ひとによって千差万別で、そのあいだに優劣はつけられないから、結局のところ、多数の者が好むワインが、いいワインだということになるのさ。ただし、芝居の場合は、コレゴスと作者の栄誉だけだが、ワインの場合には、ときには莫大な利益がかかっている。金がからむと何事も複雑になるのは、世の常だ。昔は自分の家で育てた葡萄から、自分で飲むためにワインを作っていたのだろうが、いまはどうだ。広い葡萄畑でたくさんの奴隷を使って葡萄を育て、これまたたくさんの奴隷が働く作業場で葡萄を発酵させる。熟成したワインは、アンフォラに詰められて、船でわれわれのところまで運ばれて来るというわけだ。これだけ金をかけているのだから、少しでも高く売ろうというのは、当然の話だ。もちろん、いいワインだという評判は何よりも大事だ。いいワインとされて評判になれば、注文が増えるだけでなく、値段だって吊り上げることもできるのだから。

値段こそが、いいワインかどうかを決めるものだ。実際のところ、いいワインかどうかは、その値段から一目瞭然ではないか。ソクラテスがこのあいだ話してくれたが、アテネではいかに物価が高いかと嘆いていたかれの知り合いが引き合いに出したのは、百ドラクマもするキオスのワインがあるということだった。[*15] こんな大金を支払って手に入れたワインが、いいワインでないわけはないと、みんな思うだろう。「いいワインとはどのようなワインなのか」という問いには、一言で答えられる。いいワインとは、値段のはるワインのことだ。値段が高ければ高いほど、いいワインだということは、世間一般に認められていることだ。

そこで、ワインの味がわかるということだが、これだって、こうしたワインの取り引きをめぐる網目のなかに組み込まれざるをえない。舌なんて、そんなにあてになるものではない。珍しい種類で、育てるのがむずかしい葡萄から丹精込めて作られたとか、葡萄の当たり年だった年のワインだとか、あるいは、有名なだれそれが愛飲しているワインだとか吹き込まれれば、どんなにひどいワインであっても、素晴らしい味がするように思えてしまうものだ。実際、そういったことはしょっちゅう起こっている。そのいい例が、レスボスのワインだ。ここのワインは以前はそれほど有名ではなかった。ところが、二十年ほど前に、金儲けに長けたある商人が、いろんな手を使って、「レスボスのワインは素晴らしい、キオスのワインに匹敵する」という評判を広めたんだ。こいつが使った手のなかには、もちろん、いわゆるワイン通を巻き込んで、そいつが、レスボスのワインの「よさ」を吹聴してまわるようにさせたということが含まれていた。こうした「ワイン通」のひとりがアケストルだったわけだ。声をかけられなかったテオロスは、それをひがんで、レスボスのワインは値段に引き合わないひどいワインだと言ってまわっているのさ。

この例からもわかるように、肝心なのは、多数の者に、このワインはいいワインだと思わせることだ。あるいは、この味がいいワインの味だと思わせることだ。いいワインがおいしくないわけはないとみんな思っているから、こうして、このワインはおいしいとか、これがおいしいワインの味だと思い込まされることになる。このような仕方で多数者を動かす力をもつ者は、「ワイン通」、いわゆる、ワインの味がわかる者である必要はない。むしろ、そうしたことは、あるとしても、ごくまれだ。圧倒的に多くの場合、そうした力をもつ者は、「ワイン通」で通っている連中に、自分はワインの味がよくわかっていると思わせて、自分の目論見のためにうまく使う才覚と、必要な資金をもっている者にほかならない。そして、何よりも不可欠なのは、資金だ。結局のところ、この世の中は万事そうだが、金で決まるのさ。

6　味については論議すべきでないか

ソクラテス　さすがだね、アリストファネス。レスボスのワインを最近よく見かけるようになったのは、そうしたわけなのか。

パウサニアス　まったく最近の若い者は、と言いたいところだし、言われた事柄についても、まったく賛成できないが、おもしろい話であったことは認めるよ。

ソクラテス　それで、ひとつ聞きたいのだが、アリストファネス、異なるひとのあいだの好みについては優劣をつけられないのだから、いいワインというのは、結局のところ、もっとも多数の者の好みに合うワインのことなのだと、きみは主張していたと思うが、それで正しいかね。

アリストファネス　それでよい。ただし、少数の者が、多数の者の好みを操作することはできるし、実際に生じているのはそれだということを忘れなければね。

ソクラテス　その点について、争う気はないよ。僕にとって、もっと気になるのは、異なるひとのあいだの好みについては優劣をつけられないという、きみの主張の方だ。

アリストファネス　でも、それはみんなが認めていることだ。「味については論議すべきでない」と言うじゃないか。

ソクラテス　そうした諺があることは、僕も知っている。しかし、それを僕たちは実際に守っているかね。

アリストファネス　そんなことはない。少なくとも俺は守らないね。このワインがまずいワインだと言う奴がいたら、俺は、そいつがまちがっていると思うだけでなく、面と向かってそう言ってやるよ。

ソクラテス　アリストファネス、きみはたぶん、きみの芝居を見てもちっともおかしいと思わない者も、まちがっていると思うだろう。

アリストファネス　そりゃそうだ。でも、そこでいちいち言い争ってもらちが明かないことも事実だ。俺の芝居を見ておかしいと思わない奴はきっと、どんなにおかしいことを聞いたり見たりしても、にこりともしない奴にちがいない。そんな奴を相手にして、そのまちがいを認めさせようとしても時間の無駄だ。例の諺の意味はたぶん、こんなところにあるのだろう。でも、無駄だと知っていながら、無駄なことをしたがるのは、俺も含めてみんながしていることにすぎない。

ソクラテス　しかしながら、きみの芝居を見ても笑わない者のなかには、こうした芝居を見慣れていなかったり、芝居の約束事を知らないために、そうできない者もいるとは思わないかね。

アリストファネス　そりゃそうだ。俺の芝居は、子供や外国人には、ちんぷんかんなところもあるからね。

ソクラテス　そうした子供や外国人も、きみの芝居を見慣れたり、その約束事がわかるようになれば、舞台で演じられていることを見て、笑わずにはいられなくなるのではないかね。

アリストファネス　そう願いたいものだね。

ソクラテス　つまり、きみの芝居を見てもおかしいと思わない者のすべてが、救いようがないわけではないだろう。

アリストファネス　たしかに、そこに希望はある。

ソクラテス　たとえば、アリストファネス、きみが子供のとき、どんな食べ物が好きだったかを覚えているかね。

アリストファネス　忘れたものもあるが、だいたいは覚えていると思うよ。

ソクラテス　ひょっとして、きみはカラブジ[*16]が好きじゃなかったかね。

アリストファネス　おや、図星だね。カラブジは、子供のときの俺の大好物だった。

ソクラテス　いまはどうだね。まだカラブジが好きかね。

アリストファネス　いや、好きだとは決して言えないね。嫌いと言ってもいいくらいだ。

ソクラテス　逆に、子供のときに嫌いだったけれども、いまは好きだというものだってあるだろう。

アリストファネス　そりゃ、あるさ。たとえば、ウナギだ。子供のときには、どうにも苦手だったが、いまじゃ、ウナギが出ると聞いただけで、どんな宴会でも出かけて行くぜ。

ソクラテス　ほら、このように、ひとの好みは固定したものではなく、変わりうるものだ。

アリストファネス　それは認める。

ソクラテス　ワインの味についても同じことが言えないかね。昔、おいしいとは思わなかったワインが、あるときからおいしいと思えるようになったり、その逆といったことは、よくあることではないかね。

アリストファネス　それこそ、俺の言いたいことのひとつだ。ひとの好みは、じつは、簡単に変わるんだ。それだからこそ、これまで知られていなかったり、知られていてもあまり評判が高くなかったワインを、ワイン商人が売り込むことができるんだ。

ソクラテス　そうすると、味については論議すべきではないどころか、味について論議することには、十分な意味があるということにならないかね。

アリストファネス　どうして、そうなるんだろう、俺にはいまひとつわかりかねるが。

ソクラテス　アリストファネス、きみが言ったように、ひとの好みにはたらきかけて、それを変えることは可能だということは、まったくその通りだと、僕には思える。きみが言うような仕方で最近レスボスのワインがはやりだしたということなのならば、それがひとつの証拠だろう。

アリストファネス　俺の意見に賛成してもらえるなんて、うれしいね。

ソクラテス　ただし、ひとの好みを変えるのに決定的なはたらきをするのは金だときみが言うのには、僕は賛成できない。

アリストファネス　やれやれ、「ただし」が付くだろうと思ったが、その通りになった。

ソクラテス　何のためにひとはワインを飲むのだろうか。

アリストファネス　酔って面倒なことを忘れるためだと言うひともいるだろうね。

パウサニアス　アリストファネス、みんながきみと同じだと考えてはいけないよ。われわれがいましているように、友人たちと一緒に楽しいときを過ごすためというのが、ふつう返ってくる答えだろう。

アガトン　サッポオもこう歌っています。

いざ此処に来ませよや、キュプリス、聖笏《みしやく》執らせて、
黄金《こがね》の坏《つき》に、いとらふたけく、
仙醴《ネクタル》に祭りの栄《は》えを充《み》てあはせつつ、
酒《ささ》すすめませ、*17

ソクラテス　その通り。もちろん、ワインの味だけが目当てで、別にひとと一緒に飲む必要なんかないという者だっているが、そうした者がみんなから決してよく思われないのは、きみたちも承知のことだろう。

アリストファネス　それは認めるが、そのことと、味や好みについて論議することに意味があるということとは、どうつながるんだい。

ソクラテス　友人たちとワインを飲みながら楽しいときを過ごすためには、そのワインはおい

しいに越したことはないだろう。

アリストファネス　もちろんだ。

ソクラテス　もしも出されたワインが、きみにはおいしく思われても、一緒に飲んでいる仲間のなかに、それをおいしいとは思わない者がいたら、どうだろう。

アリストファネス　呼ばれている会ならば、出されたワインがまずいと言い立てるのは、礼儀に反するだろう。だから、気の毒だが、我慢してもらうしかないだろう。

ソクラテス　たしかにそうかもしれないが、これが、たがいに気の置けない友人どうしの集まりだったとしたら、どうだい。

アガトン　本当に気の置けない友人しかいないのだったら、それは、言うでしょうね。ひょっとすると気まずくなることもあるかもしれませんが、友人甲斐のある相手ならば、こちらの好みを考慮して、次に呼ぶときには気を付けてくれるでしょうから。

パウサニアス　おや、珍しく意見が一致したね、アガトン。僕もそう思うよ。実際のところ、どんな会であろうが、本当に客をもてなしたいと思っているホストならば、来てくれたひと全員が満足するような料理やワインを出したいものなのさ。

ソクラテス　そうだろう。友人たちと楽しいときを過ごすためにワインを飲むのであれば、おたがいの好みを考慮して、みんなが共通においしいと思えるワインを選ぶだろう。こうしたことができるためには、ワインの味について論議して、おたがいの好みを知っておくことはぜひとも必要なことだろう。

パウサニアス　その通り。カリアスのところのように、値段の高いワインさえ出しておけばよいというものではない。僕がこう言うからといって、アガトン、きみが今夜出してくれたワインが高くないなどと言うつもりはない。きみが値段だけでワインを選ぶような人間ではないことを、僕はよく承知している。

アガトン　パウサニアス、そんなに気を使うことはありませんよ。みなさんに振る舞っているワインの値段は、よく知っていますから。

アリストファネス　しかし、どうしても自分の好みとは合わないようなワインしか好まないような奴を招かなければならないようなときだってあるだろう。たとえば、そいつの機嫌を取っておく必要があるといった場合だ。こうした相手に対しては、ワインの味についてあれこれ言い合ったって、役に立たないのじゃないだろうか。

アガトン　たしかに、それはそうでしょう。しかし、そうしたときには、そもそもワインの味はそれほど重要でなくなってしまっています。ここは、友人どうしでワインを楽しむ場合だけに限った方がよいのではないでしょうか。

ソクラテス　アリストファネス、きみがいま言ったことは、ワインの味について論議することが、もうひとつの仕方でも重要だということを思い出させてくれた。

アリストファネス　いったい、どういうことだい。

ソクラテス　親しい間柄のひとの場合、相手の好みに自分が合わせるだけでなく、相手が自分の好みを取り入れるということも期待しないだろうか。もちろん、これは親しい間柄の場合で、そうでなければ、そうはしないだろうが。

アガトン　親しい友人とならば、そういうことは期待しますね。

ソクラテス　そういう期待が出て来るのは、友達がどんなワインを好むかを知って、自分の好みが変わるだけでなく、その逆に、こちらの好みを知って、相手が好みを変えることも、よくあるからではないだろうか。

アガトン　それはあります。友人の家に行って、これまで味わったことのないワインが、その友人が最近おいしいと思って好んで飲んでいるワインとして出されるときなど、とっても期待しますものね。

パウサニアス　しかし、その友人がとくに親しくて、その好みをよく知っているならば、どんな味のワインが出て来るのか予想できるのではないかね。

アガトン　いいえ。必ずしもそうとは限りません。相手の好みをよく知っていると思っていても、予想を裏切って意外な味のワインが出て来ることもありますよ。

ソクラテス　そういったとき、アガトン、きみはどうする。
アガトン　やはり、最初は面喰らいますね。そこで好奇心もはたらいて、なぜそのワインを選んだのかを聞くことになります。
ソクラテス　そうした理由のなかには、そのワインが相手においしく感じられたということも含まれているのではないかね。
アガトン　はい。やはり、そのひとにおいしく感じられたということが、いちばん大きな理由でしょうね。
ソクラテス　友人の間柄の相手ならば、その好みをわかろうとするよね。
アガトン　ええ、そうするでしょう。
ソクラテス　相手の好みをわかろうとすることのなかには、相手が好きなものを自分も好きになろうとすることも含まれていないだろうか。
アガトン　ええ、それはワインと限らず、いろいろなことについて言えますね。
ソクラテス　相手の好みに付き合っているうちに、自分でも好きになるということはないかね。
アガトン　ええ。そういうことは、よくあります。
ソクラテス　ほら、そうだろう。ひとはいつもたがいの好みを言い合って譲らないというわけじゃない。もともと相手のことをよく思っていないような者どうしならば、相手の好みが自分と少し違っているだけで、それが決して許されない欠陥のように思えるものだが、親しい間柄ならば、相手の好みを理解しようとするものだ。

アガトン　その通りだと思えます。

ソクラテス　そもそもワインがおいしい飲み物であるということは、みんな生まれたときから知っていたのだろうか。アリストファネス、きみだって、よちよち歩きをしていた頃から、ワインがおいしいと思っていたかね。

アリストファネス　当然だと答えたいところだが、残念ながら、そうではなかったね。たしかに、ワインに最初に口をつけたときには、何とまずい飲み物なんだろうと思ったよ。

パウサニアス　それがいまはどうだ。ワインを生《き》で飲みたいなどと言うまでになっているじゃないか。

ソクラテス　ひどい飲み物だと思っていた子供が、それをおいしいと思うようになり、さらには、そのあいだのおいしさにも違いがあることに気付くようになるというのは、いったい、何によるのだろうか。

パウサニアス　ソクラテス、何事もそうだけれども、それこそ、教育（パイデイア）の賜物だろう。

ソクラテス　その通り。放っておいても、僕たちの舌がワインのおいしさを教えてくれるわけではない。アリストファネス、きみが言ったように、自分の舌なんて当てにならないものだ。しかし、自分の舌よりももっと信用できるのが、ワインの値段についての知識だとは限らないよ。

アリストファネス　値段以上に、ものの価値を教えてくれるものなどあるのかい。

ソクラテス　あるとも。信頼できるひとの口から、おいしいワインだと聞かされることほど、僕たちの舌をよく導いてくれるものはあるまい。アリストファネス、きみが、そもそもワインを飲むことを教わったのは、だれからだっただろう。

アリストファネス　さあ、はっきり覚えてはいないが、たぶん父親だろう。あるいは、叔父たちのだれかだったかもしれない。

ソクラテス　そうだろう。そうしたひとたちは、きみが大人になってワインに金を使うようにするために、ワインを飲むことをきみに教えたわけではあるまい。

アリストファネス　たしかに、それはありそうにないね。

ソクラテス　かれらは、みなと一緒にワインを飲むことが楽しいことをきみに知ってもらおうと思ってそうしたのだという方が、ありそうなことじゃないだろうか。

アリストファネス　まあ、そうかもしれない。

パウサニアス　あるいは、年上の友人というのも、ひとがワインの味を覚える際に大きな役割を果たすものだ。

アリストファネス　しかし、どのようなワインが手に入るのかを決めているのは、こうしたひとたちではない。したがって、ワインを飲むことを覚えたのは、かれらからかもしれないが、自分がどんなワインを飲むようになったかを決めたのはやはり、ワインを動かしている商人たちだと言えるだろう。

ソクラテス　しかし、将来はいざ知らず、いまのところ、商人たちはそれほど万能ではないと、僕には思えるのだが。この辺の事情は、たぶんパウサニアスの方が詳しいのではないだろうか。

パウサニアス　僕の知り合いのなかには、商人たちの手を通さずに、蔵元から直接、自分の家で出すワインを取り寄せている者もいる。また、商人の言いなりになるのを嫌って、自分たちで組合のようなものを作って、自分たちのワインを売りにきている農家があることは、きみたちもアゴラで見聞きしたことがあるのではないだろうか。

ソクラテス　つまり、金をもうけるためだけに動き回る者というのは、アリストファネス、きみが言うほど多くはないというのが、実際のところではないだろうか。そして、たぶん、きみだって本当はそうと思ってはいないのじゃないか。きみが喜劇を書くのは何のためだ。それで金をもうけるためかね。

アリストファネス　たしかに、正直なところ、たいした金にはならないね。

パウサニアス　じゃあ、何のためだい。ひとを笑わせるためかい。それとも、いばっている連中の正体を暴いて、ぎゃふんと言わせたいからかい。

アリストファネス　まあ、そんなところだ。だが、ソクラテス、あんたの言うことにも一理はあるな。あんたが金もうけのために何かをしたなんてことは、一度も見たことがないものな。[*18]

パウサニアス　だから、ソクラテスの家の台所はいつも火の車だ。クサンティッペが怒るのも無理はない。

アリストファネス　しかし、俺やここにいるみんなが金もうけにあくせくしないですむのは、商人たちと違って、そうしても生きていけるような結構な身分だからだということも忘れてはいけないと思うがね。

ソクラテス　それは本当だ。それでもなお、ワインを作ったり、それをアゴラに持って来て売るひとたちだって、みながみな、金もうけのためだけにそうしているのではないと、僕は思うよ。自分が作ったワインや、売るワインに誇りをもつといったひとだって、いるのではないだろうか。こうしたひとたちは、いいワインを作り、それをみんなに味わってもらいたいと思っているひとだ。そこで、いいワインとは何か、そして、何がいいワインかを知っているひととはだれなのかという問いに戻ってくることになる。

アリストファネス　その答えは、いいワインとは値段の高いワインのことだし、何がいいワインかを知っているひととは、値札を読めるひとのことだなんて具合いにはなりそうにないね。

ソクラテス　その通りだよ。

アリストファネス　それじゃあ、その答えとは何なんだい。

7　クレタからの客人にソクラテスが教わったこと

ソクラテス　ここでも僕は、ひとから教わったことをきみたちに話すことしかできない。このひとと僕は、あるひとのところで会ったのだが、もともとクレタのひとで、用があってアテネに来ていて、知り合いのところに泊まっているとのことだった。このあたりでは、クレタのワインはあまり見ないようだが、きみたちも知っているように、クレタは、僕たちのところよりもずっと古くからのワインの産地だ。また、クレタこそ、ギリシアにおいて知恵を愛する営みがもっとも古くから存在した土地だ。*19 僕がこのひとと会った宴会のときも、やはり今晩のようにワインの話になった。このひとは最初黙っていたのだが、そのひとを連れてきたひとに促されてようやく口を開いた。クレタからのこのひとがそのとき話したことは、僕の心に強く印象付けられた。そして、僕が先ほどから、まるで僕自身がワインの通であるかのように話しているとしたら、それはまったく、このひとからの受け売りにすぎないんだ。

パウサニアス ソクラテス、きみがいつの間に、ワインにそんなに詳しくなったのかと、僕は先ほどから怪訝に思っていたのだが、そういうわけだったのか。でも、それだけじゃないだろう。実際にワインを飲み慣れていなければ、先ほどからのような話はできないはずだ。

ソクラテス 僕の欠点はね、ひとによばれると断れないことなんだ。そこで、つい、いろんな宴会に顔を出すという始末だ。そうした宴会にたびたび出ているうちに、そこで出されるワインだとか、それについてみんなが言うことなどから、いつの間にかいろんなことを覚えたんだ。

パウサニアス ソクラテス、たしかに宴会に行って、きみと会わない方が珍しいものな。

ソクラテス しかし、僕がいちばん多くのことを学んだのは、一回しか会ったことがない、このクレタからの客人からだ。そこで、ワインの味がわかるということについて、そのひとがどのように話を進めたかを思い出しながら、いいワインとは何か、何がいいワインかを知っているひととはどういうひとなのかを考えてみよう。

パウサニアス 結構だね、ソクラテス。

ソクラテス 先に、アガトンとパウサニアスのあいだで、何かがおいしいかどうかを知るのに、それを実際に味わってみるだけで十分かどうかが、議論になったね。

アリストファネス そのあたりから俺は眠くなったのだが、何となく覚えているね。

ソクラテス　アガトンは、おいしいこととおいしく感じられることは同じだから、それで十分だと言い、パウサニアスは、このふたつは違うから、十分ではないと言った。そうだったよね、アガトン。

アガトン　はい、そうでした。

ソクラテス　しかし、パウサニアス、きみでも、少なくとも、次のことは認めるだろう。すなわち、何かが自分においしく感じられるかどうかを知るのには、それを実際に味わってみることが必要なだけでなく、十分でもあると。

パウサニアス　それは当たり前だよ。実際に味わいながら、それがおいしく感じられるか、そうでないかがわからないなんてことは、ありえない。

ソクラテス　だから、そこから出発するのが正しいというのが、クレタからの客人がまず言ったことだ。

アリストファネス　おやおや。何と呑気なんだろう。それじゃあ目指すところまで行き着くのには、さぞ時間がかかったことだろう。

ソクラテス　心配するほどではないよ。

アリストファネス　それでも一部始終を聞かされるんだろう。また眠くならなければよいが。

ソクラテス　そもそも何かに興味をもつためには、きっかけがなくてはならない。口に入れるものについて、そうした興味をかきたてることの第一は、味わってみておいしく感じられることだと、クレタからの客人は言う。

アリストファネス　そりゃそうだ。

ソクラテス　かれはこう続けた。「だから、ワインを味わってみておいしく感じるということがすべての出発点になる。したがって、そうする機会を与えてくれたひとが、僕たちがまず最初に出会う『ワインの味がわかるひと』だということになる。なぜならば、そうしたひとは、ワインがおいしいことを知っているから、ワインを味わう機会を与えてくれたんだと、僕たちは考えるからだ」。

アガトン　しかし、それならば、ワインを飲みつけているひとはみんな、ワインの味がわかるひとだということになってしまいませんか。

ソクラテス　アガトン、きみが心配するのも無理はない。しかし、まだ話の先があるんだ。

アガトン　はい。

ソクラテス　僕たちをワインに手引きしてくれたひとたちとは、先にも話に出たように、父親とか叔父だとか年上の友人だとか、自分の身近にいたひとたちだ。クレタからの客人が次に指摘したことは、そうしたひとたちのなかには、ワインを楽しむことを、人生を豊かにしてくれる重要なことのひとつと考えているひともいるかもしれないし、もしもそのなかにいなくとも、そうしたひとたちが知っているひとたちのなかにはきっといるはずだということだった。そのうえで、かれはこう尋ねた――「そのようにワインを楽しむことが重要なことだと考えているひとたちが、自分たちの飲むワインの味に注意を払わないだろうか」と。

アガトン　もちろん、注意を払うでしょうね。

ソクラテス　そうだよね。できるだけ、自分たちがおいしく感じるだけでなく、一緒にワインを楽しむひとたちにもおいしく感じられるようなワインを選ぼうと努力するだろうね。そこで、こうしたひとに招かれる者は、そこで出されるワインが、たぶん、自分の好みに合うか、あるいは、最初は合わなくても、そのうちに好きになるのではないかと期待するだろうと、クレタからの客人は言う。

パウサニアス　実際、アガトンに招かれたわれわれがそうしたように、だろう。

アガトン　パウサニアス、あなたの期待にこたえることができたのならば、よいのですが。

パウサニアス　それは言うまでもないよ。おいしいワインを堪能したよ。

アリストファネス　俺も同じだが、それよりもともかく、ソクラテス、話を進めてくれ。

ソクラテス　ところで、こうして招かれた者のなかには、自分でもひとを招く者がいるだろうと、クレタの客人は言う。

アリストファネス　それは、いるだろうね。

ソクラテス　かれは次にこう言った――「この者がひとを招くときも、同じような配慮をするだろう。また、概して、みんながみんなまったく同じ友人や知り合いをもつわけではないから、招かれたひとの範囲と、招かれたひとがそれぞれ自分のところに招くひとの範囲とは、重なりはするかもしれないが、同じではないだろう。そうすると、それぞれのひとが、その好みを考慮しなければならないひとたちの範囲も、重なりはするが、違ってくることになる」。

アリストファネス　ちょっとわかりにくいが、それはいい。それより、そいつは、それで何が言いたいんだい。

ソクラテス　つまり、ワインの味に心を配るようなひとたちは、その全員が全員と知り合いであるわけではないが、さまざまな仕方で、たがいに結び付いているということさ。そして、こうしたひとたちのあいだで、全員に共通するワインの好みがあるわけではなくとも、さまざまな仕方で、ワインの好みは重なり合っているだろう。それで、クレタからの客人の考えは、簡単に言えばこうだ。まず、ワインの味に心を配るひとたちのなかから、あるひとたちを「ワインの味がわかるひと」として選び出して、こうしたひとたちのだれかが「いいワインだ」と言うワインを、いいワインの候補とするというのだ。

アガトン　では、その「ワインの味がわかるひと」とは、どんなひとですか。

ソクラテス　クレタからの客人によれば、それは、こうしたひとたちだという。まず第一に、いろんなワインをいろんな仕方で、しかも、一回だけでなく、何度も繰り返し味わったことがあるひとだ。ワインについてだけじゃないが、ものの味がわかるようになるためには、そのものを繰り返し味わったことがなければならないだろうというのが、その理由だ。

アガトン　でも、ワインについても正しいのかどうかはわかりませんが、これまで味わったことのないものを初めて味わうときこそ、ものの本当の味がわかるということを聞いたことがありますよ。

パウサニアス　それは、かなり怪しいと思うね。そういうことを言う者は、ものの本当の味を知っているのは、まだ言葉もしゃべらない子供だと言ったりする者だろう。でも、僕が思うに、そんなことを言う連中は、人間の生まれつきの状態といったたぐいの、根拠のない神話（ミュートス）を語っているだけだ。

アガトン　まあ、いいです。いずれにせよ、ワインを選ぼうというときに、ワインをまだ味わったことのない子供を連れて来て、味見させるなんてことはしませんものね。子供はきっと、どれについても「まずい」と言うだけでしょうから。

パウサニアス　子供がどんなものを好むかを考えてみたらよい。アリストファネスの好物だったというカラブジがいい例だ。ひどく甘いものを子供が好むのは、子供にはまだ味のあいだの微妙な区別がつかないからだろう。

アリストファネス　さっきもはっきり言ったように、カラブジが好きだったのは、子供のときだけだ。パウサニアス、きみだって、子供のときに好きだったにちがいない。

ソクラテス　まあまあ。いずれにせよ、味のあいだの微妙な区別ができるようになるためには、ただ年を取ればよいものかね。

パウサニアス　もちろん、そんなことはない。いい年をして、まだカラブジが好きだというような若者だっていないわけではない。子供のときの好みにしがみついて、年相応に他のものも食べるようにならなければ、子供と変わらないままだよ。

アリストファネス　いろんなワインを何度も繰り返し飲んでいるはずなのに、味の区別がぜんぜんつかない奴だっているぜ。

パウサニアス　それはそうだ。そもそもワインの味に気を配っていなければ、自分の飲んだものの味だってわかりはしないだろう。それに生まれつきの才能というものもある。

アガトン　長年たくさんのワインを飲んでいるはずのひとなどより、ずっとよく、ワインの違いを見分けることのできる若者というのが、ときどきいますものね。

ソクラテス　つまり、ワインの味がわかるひとというのは、ただワインを飲んだことがたくさんあるだけでなく、そこから味の違いをよく学んだひとでなければならないというわけだね。

アガトン　そうです。

ソクラテス　クレタからの客人がこうした点を見逃したはずはないと思うので、これは、僕が不注意で聞き逃した点なのだろう。いずれにせよ、このことも、ワインの味がわかるひとであるためには必要なことだとしておこう。

アガトン　ええ、いいでしょう。

ソクラテス　でも、クレタからの客人が言ったのは、これだけではない。かれによれば、ワインの味がわかるひとであるために、次に大事なのは、こうだという。つまり、さまざまな種類のワインのなかのどれかひとつだけしか好まないというような、かたよった好みの持ち主ではなく、また、自分とは異なる好みにも、理解できる範囲で寛容なひとだということが、ワインの味がわかるひとであるためには必要だというのだ。

アガトン　これはなぜですか。

ソクラテス　うん。その理由は、いいワインというのは、一通りではないからだということだった。ただし、それは、アガトン、先にきみがためらいながら認めざるをえなかった結論、つまり、いいワインとはひとによって違うということを認めることではないと僕は思う。

アガトン　では、いいワインが一通りではないというのは、どういう意味ですか。

ソクラテス　それは考えてみれば当たり前のことだと、クレタからの客人は言った。つまり、甘いワインもあれば、甘いというよりも辛いと言った方がいいようなワインがあったり、口当たりの軽いワインもあれば、もっと重厚な味をもつワインもあったりするように、ワインにもさまざまなものがあるというだけのことだというのだ。そして、同じひとだって、その時に応じて、違う味のワインを飲みたいと思うことを考えてみたらよいと言われた。

パウサニアス たしかにそうだ。僕はふだんは、あまり甘くなく、どちらかと言うと重いワインを好むのだが、ときには、甘くて軽いワインがいいと思うときもあるね。

ソクラテス つまり、クレタからの客人によれば、ワインにはいろいろな種類があるから、そうした種類のどれについても、つまり、甘いもの、それほど甘くないもの、軽いもの、重いもの、その他、全部ではないかもしれないが、そのどれについても、いいワインはあると考えるべきだということになる。

アリストファネス しかし、ひとによっては、甘いワインは我慢できないという奴だっているぜ。そういう奴には、甘いワインは、いいワインではないだろう。

ソクラテス まったく同じ質問が出たよ。それに対する答えは、ワインを好み、その味を気にかけるさまざまな人々と一緒にワインを楽しんだ経験のあるひとならば、甘いワインを自分が好まないとしても、同じようにワインを好むひとのなかには、甘いワインを好むひとがいることも理解できるだろうということだった。そうしたひとにとっては、甘いワインへの好みは、自分ではもっていなくとも、許容できるものだということも言われた。

アガトン　そういう具合いに、自分としては好まなくても、許容できる味というものまで認めるのならば、わるいワインまで含めて、ワインならば何でも許容するという人間が、ワインの味がもっともわかるひとということになってしまいませんか。

ソクラテス　しかし、かたよった好みをもたないということは、ワインならば何でも認めることとは違うだろう。そもそもワインの味に気を配るひとならば、決して許容できないような味というものがあると、クレタからの客人ははっきり言っていた。それに、かれが言ったもうひとつのことがある。

アガトン　それは、何ですか。

ソクラテス　これは、初めて聞くとちょっとびっくりするのだが、僕がもっとも強い印象を受けたことでもある。それは、こんな具合いだった。すなわち、本当の意味でワインの味がわかるひとというのは、ワインというものが、僕たちの人生のなかで、どのような意味をもつのか、それ以上に、どのような意味をもつべきかについて、何かはっきりとした考えをもっているひとでもなければならないというのだ。

アリストファネス　これはまた大変だね。ワインの味がわかるためには、人生の意味まで考えなくてはならないのかい。

ソクラテス　アリストファネス、きみはそう茶化そうとするが、真面目な話、これは、クレタからの客人がいちばん重要だと思っているようにみえた点だったんだ。アリストファネス、きみに聞くが、ワインを好むひとにとって、ワインを味わうことは、人生の大事な一部だということは、いいだろうか。

アリストファネス 本当にワインが好きな奴ならば、そうだろう。

ソクラテス それならば、どのようなワインを飲むかは、人生がよいものであるかどうかと無関係ではないだろう。

アリストファネス まあね。でも、ちょっとおおげさすぎじゃないかな。

ソクラテス おおげさに聞こえるかもしれないが、こういう具合いに考えてみたらどうだろう。おいしいワインを飲みたいと思っているのに、いつもまずいワインしか飲めないようなひとが幸福でありうるかね。

アリストファネス そうした奴はたしかに不幸だと言えそうな気もする。でも、もし、そいつが自分の飲んでいるまずいワインを、おいしいワインだと思って飲んでいたら、そいつは不幸じゃないだろう。

ソクラテス なるほど。先にアガトンは、おいしいワインとは、それを味わうひとにおいしく感じられるワインのことだと言っていたが、それが正しければ、アリストファネス、きみの言っていることも正しくなる。

アガトン　たしかに私は先にそう言いましたが、いまではそれほど確信をもっているわけではありません。ひとつには、何をおいしく感じるかは、変わりうるということです。まずいワインをおいしいと感じながら飲んでいるひとは、他のワインを飲んだことがないだけだからかもしれません。他のもっといいワインを飲めないということは、やはり、そのひとにとって不幸なのではないでしょうか。

アリストファネス　それじゃあ、おいしいワインを飲みたいとは、とくに思っていない奴は、どうだ。ワインが苦手という奴はけっこういるだろう。そうした奴は、どんなにおいしいワインだって、まっぴらだと考えるのじゃないか。

ソクラテス　クレタからの客人はたぶん、すべてのひとにとって、ワインがその人生の重要な一部だと言っているわけではないだろう。アリストファネス、きみが言うように、みんながみんなワインを好むわけじゃない。だから、とりあえず、いまのところは、ワインを好むひとたちだけを相手にして考えようじゃないか。ワインを飲むことは、よい人生を送るのにかえって妨げになると考える人々もいることは、きみたちも承知しているだろう。こうしたひとたちも相手にするのならば、ワインを好むことは、そもそもよいことなのかという、もっと大きくて、容易ならない問いも考えなければならないがね。

アリストファネス　いや、そちらは勘弁してくれ。ワインを好むことが、よくないことだなんて結論を出されると困るからね。

ソクラテス　じゃあ、それはいまは問題にしないことにしよう。クレタからの客人も、そのことは問題にしなかった。ただひとつだけ付け加えたいことがある。

アリストファネス　何だい。

ソクラテス　これはさっき、アリストファネス、きみの話を聞いて思ったのだが、ワインが僕たちの人生においてどうあるべきかについて、はっきりとした考えをもっているようなひとは、商人の言いなりになるようなことはないだろうということだ。そういったひとは、自分のであれ、他人のであれ、利害で動いたりしないだろうと思うからだよ。だから、きみの話が正しければ、アケストルもテオロスも、クレタからの客人が言う意味での「ワインの味がわかるひと」ではないということだね。

アリストファネス　しかし、ワインの味がわかるひとというのが、そのクレタからのそいつが言うような者でなければならないのならば、そんな者が本当にいるのか、俺には疑わしいね。

パウサニアス　アリストファネス、きみはだれをも、自分の基準ではかるから、そう思うだけだ。クレタからのそのひとが言った意味での、ワインの味がわかるひとは、確実にいるよ。

アリストファネス　自分がそうだと言うわけだね。

パウサニアス　何もそんなつもりは……。

アガトン　まあまあ。それは止めましょう。話をもとに戻せば、ソクラテス、あなたが会われた、そのクレタからの客人は、いいワインとは、かれの言う「ワインの味がわかるひと」が認めるワインのことだとするのですね。

ソクラテス　そこは、ちょっと気を付ける必要があるんだよ。ワインの味がわかるひとのだれかが認めれば、それがそのまま「いいワイン」というわけじゃないんだ。それに、もうひとつ考えなければならないことがある。

アガトン　それは何ですか。

ソクラテス　ワインの味がわかるひとのなかでも、ワインの種類によっては、得意不得意があるだろう。だから、こうしたひとは、自分としてはとくに好むわけではないようなワインについては、自分が一目置いているひとの判断に従うのが賢明だと考えるだろう。

パウサニアス　それはそうだろう。

ソクラテス　そこで、自分の得意な種類のワインの話だと考えてほしい。そうしたワインについて、それがいいワインであるためには、何よりもまず、それが味わっておいしく感じられるものでなくてはならないだろう。

アガトン　それは、当然だと思われます。

ソクラテス　でも、それだけでは十分ではないというのだ。

アガトン　他に、何が必要なのですか。

ソクラテス　きみがワインの味がわかるひとのひとりで、きみが得意な種類のあるワインを味わって、おいしく感じたとしよう。ところで、これと同じ種類が得意な、きみと同様にワインの味がわかるひとのなかに、きみに賛成してくれるひとがいなかったとしたら、どうだろう。それでも、きみは、それがいいワインだと言えるかね。

アガトン　そう言うには、ためらわれますね。

ソクラテス　そうだろう。だから、他のひとたちもきみに同意するまでは、それはまだ、いいワインとは言えないと考えるべきだというのだ。

アガトン　他のひとたち全員の同意が必要なのですか、それとも、他にひとりでも同意してくれるひとがいればよいのですか。

ソクラテス　その点はとくに問題にならなかったが、それは、そんなに厳密なものではないだろうと僕は思う。いいワインと、そうまでは言えないワインとのあいだの境界が、そんなにはっきりしたものでないことは、あたりまえのようにも思われないかね。だから、ある程度の数のひとたちの同意が必要だと言えばよいのではないだろうか。少なくとも、ワインの味がわかるひとのうちのだれかが、味わっておいしいと感じたワインは、いいワインの候補となるということは言えるだろう。

アガトン　しかし、考えてみると、自分ひとりしか「おいしい」と言っていなければ、それがいいワインだと言うのはためらわれるとしても、自分の舌に自信があればよいようにも思えます。そう考えると、そもそも他のひとの賛成が必要なのかが疑わしくなってきます。

ソクラテス　たしかに、それはそのとき問題になった。クレタからの客人がまず指摘したのは、ひとには、そのひと特有の癖というものがあるように、食べものや飲みものの好みについても、そのひとにしか通用しない癖というものがあるということだった。こうした癖は、味そのものとは直接関係のない、そのひとの身にこれまで起こったことのような、多分に偶然的な事柄のせいで生じた場合が多い。だから、そうした個人の癖によるものではないことがわかるまで待った方がよいというのだ。

アガトン　しかし、何かをおいしいと感じるということは、結局のところ、そう感じるひとの癖以外の何でもないように、私には思えますが。

ソクラテス　おいしいと感じるということについてならば、そう言えるかもしれない。しかし、クレタからの客人によれば、「これはいいワインだ」と言うひとは、ただ自分個人がおいしく感じると言っているのではないというのだ。ここで、かれはとても印象深いことを言った。つまり、そう言うひとは、ワインの味について真剣に考えているひとたちを代表して、「これは、おいしい、いいワインだ」と言っているのだ、と。

アガトン　いったい、どういうことですか。

ソクラテス　この話が始まってまもなく、アガトン、きみとパウサニアスのあいだで、おいしいことと、おいしく感じられることは、同じか違うかが、問題になっただろう。

アガトン　ええ、そうでした。

ソクラテス　そのときに、このふたつのあいだの関係は、「甘い」と「甘く感じられる」のあいだの関係と同じか違うかということも、問題になったよね。

アガトン　ええ、覚えています。

ソクラテス　そのときはだれも言わなかったが、「おいしい」と「甘い」のあいだの重要な違いのひとつは、何かが「おいしい」と言うことは、その何かが、ある意味で「よい」ものだと言うことでもあるけれども、何かが「甘い」と言うことは、別に、その何かが、「よい」ものだと言うことを含んでいないということだ。

アガトン　たしかにそうです。

ソクラテス　何かを味わって「おいしい」と言うことは、一方で、そう言うひとが何を感じているかを表すものだけれども、それは同時にまた、「これはおいしいから、きみも味わってみたら」という誘いとか勧めでもあると考えられないだろうか。

アガトン　なるほど。「甘い」と言うことには、とくに誘いも勧めも含まれていませんが、「おいしい」と言うことには、たしかに、そうした含みもありますね。

ソクラテス　さらに、クレタからの客人によれば、ワインの味がわかると自他ともに認めるひとが「これは、おいしい、いいワインだ」と言うとき、そのひとは、そのワインを、自分がそのひとりであるワインの味について真剣に考えているひとたちにとっての基準に合致するワインとして、そのワインを味わうことを勧めているというのだ。

アガトン　ワインの味がわかるひととは認められない、ふつうのひとが同じことを言う場合は、どうなるのですか。

ソクラテス　そういう場合も、誘いや勧めは含まれているが、基準や、それへの合致といったことは含まれていないか、あるいは、含まれているとしても、それは、そのひとにとってだけのものでしかないということになるだろうね。

アガトン　だから、ワインの味がわかる他のひとの同意が必要だというのは、たしかにそうかもしれないという気もしますが、でも、ワインの味がわかるひとたちのあいだで、おいしいワインや、いいワインの基準というものが、一致するという保証はどこにあるのですか。

ソクラテス　そんな保証はないというのが、クレタからの客人の答えだ。

アガトン　でも、それでは……。

ソクラテス　アガトン、きみが当惑するのは、よくわかる。僕もまったく同じように思った。

でも、クレタからの客人が言うには、基準が一致する保証はないが、事実としては多くの場合一致するから、いいのだそうだ。

アガトン 一致しない場合もあるのですか。

ソクラテス あるだろうね。そうした場合とは、どのひとの判断が基準になるべきかについての議論に決着がつかないようなときだろう。でも、そのような議論は、多くの場合、自然に決着がつくものだそうだ。

パウサニアス その点は、クレタからの客人が正しいと僕は思うね。ワインに詳しい者のあいだでの、さまざまなワインの評価は、実際のところ、ほとんどの場合、一致するものだ。

アリストファネス でも、俺に言わせてもらえば、それは、すべてのものに値段を付けなければならないという市場の論理のせいだろう。

ソクラテス アリストファネス、きみが言う通り、そうした面はたしかにあるし、それがどうワインの評価に関係するかは、無視してよいことではない。しかし、クレタからの客人によれば、ワインの値段付けにはしばしば恣意的なところがあるにしても、ワインのことを真剣に考えているひとたちの意見が及ぶ範囲では、だいたいそれが反映されるのだそうだ。ただ、将来どうなるかはわからないし、僕たちのアテネでの状況は予断を許さないとも、かれは言ったよ。

アリストファネス ほう。クレタのような田舎から来たにしては、ずいぶんと事情に詳しいようだな。

ソクラテス　かれは、アテネの商人たちもよく知っているようだったよ。それはさておき、ワインの評価が事実上多くの場合で一致するのがなぜかは、ある程度までは説明できると、かれは言った。

アガトン　どんな具合いに説明するのですか。

ソクラテス　だいたい、こんな具合いだった。ワインの味がわかるひとのなかには、いつも、いろんな世代のひとたちがいるはずだ。何十年もワインを楽しんできた者もいれば、ワインのおいしさに目覚めてからまだそれほど経たないけれども、すでにそれなりの経験を積んできている者もいるだろう。そして、こうした者はみな、自分たちより前の世代でワインの味に気を配ったひとたちの基準を引き継いでいるだろうと言うのだが、なぜだかわかるかね。

アガトン　それは、他のひととはまったく関係なく、自分ひとりでワインというものを発見するようなひとはほとんどいないからでしょう。先にも言われたように、ワインの味というものを気にし出したとき、どんなワインを飲むべきかを教えてくれるのは、自分よりもワインの経験が豊かなひとです。

ソクラテス　そう。だから、そうしたひとたちが「いいワインだ」と言うワインを、自分もいいワインだと思うところから、ひとは出発する。よって、これがそのひとにとってのいいワインの最初の基準になるが、それは前の世代のひとにとっての基準にほかならない。だが、こうして受け継いだ基準が、そのままでは使えないような新しい事態は必ず出て来る。つまり、前の世代のひとが味わったことのない新しい種類のワインが出て来るとか、ワインの新しい飲み方が発明されるといった事態だ。こうした事態に出会うごとに、基準は、修正されたり拡張されたりするだろう。また、これまであった種類のワインについても、自分自身の経験が増えるにつれて、その評価が変化するといったこともあるだろう。しかし、その結果生まれる基準が、前の世代の人々から引き継いだ基準をもとにしていることに変わりはない。

アガトン　でも、私たちが最初手本とするワインの見方が、ただ一通りしかないわけではないようにも思えますが。パウサニアス、先ほどあなたは、ワイン通のあいだでのワインの評価はほとんど常に一致すると言われましたが、一致しない場合もあることは認めるでしょう。

パウサニアス　一致しない場合の多くは、一方の無知を示すだけのようにも思われるが、たしかに、どちらかがまちがっているとは簡単に言えないような場合もないわけではないね。

ソクラテス　そうした不一致が、僕たちのあいだで生じる場合と、僕たちとはぜんぜん違う人々と、僕たちとのあいだで生じる場合とは、区別しなければならないと、クレタからの客人は言った。僕たちのあいだでの場合、異なる基準がたがいに争っているように見えるとしても、それは、個々の木の違いに目を取られて、それらの木がすべて同じ種類の木であることに気が付かないようなもので、異なる基準と見えるものはどれも、もとをただせば、同一の基準が異なる形を取ったものにすぎないのだ、と。

アガトン　意見の対立があるように見えても、ワインの評価の基準はひとつだということですね。でも、なぜそう言えるのですか。

ソクラテス　その答えは、たぶん、ワインの評価に関して、僕たちは、前の世代の基準を引き継いでいるからだということだろう。いまではもう、いつともわからないずっと昔に、僕たちの先祖のあいだで、ワインを評価するための基準ができあがって、僕たちはそれを引き継いで来ているということだね。それはちょうど、僕たちがみな、同じひとつの言葉をいま話しているのは、その言葉が、僕たちの親や年上の人々から受け継いだものだからというのと一緒だろう。僕たちの先祖が、どのようにして、たがいに異なったさまざまな言葉ではなく、このひとつの言葉を話すようになったかは謎だけれどもね。

アガトン　しかし、自分たちよりも前のひとたちの基準を引き継ぐから基準が一致するのだとすれば、ワインへの新しい好みといったものは、出て来ようがないのではないでしょうか。ソクラテス、あなたが先ほど言われたように、新しい種類のワインが現れたり、ワインの新しい飲み方が出て来たような場合に生じることは、基準の単なる拡張では済まないのではないでしょうか。

ソクラテス　クレタからの客人が最後に言ったことは、まさに、その点に関係していたよ。それはほぼこんな具合いだった。――これまで自分が味わってきたワインにあきたりなくて、これまでになかったようなワインを味わいたいと思う者は、いつの時代にもいるだろう。そうした者のなかには、自分が望むワインについてのあるはっきりした考えをもっている者もいれば、これまで広く知られていなかったワインをたまたま味わう機会があって、そこに自分の求めていたものを見いだしたと思う者もいるだろう。こうした者が、いいワインの基準に変化を与えることになる。こうした変化の必要を提案する者は、個人の好みを言い立てているのではなく、あくまでも、ワインの味に心を配る人々の代表として、変化の必要性を唱えているとみなされなければならない。提案の時点で、それに賛同する者が他にいなくとも、そうした賛同が得られるはずのもの、あるいは、ワインの味に心を配る者ならば賛同すべきものとして、そうした提案はなされているので、最終的にそうした賛同が「ワインの味がわかる人々」のあいだで得られなければならない。したがって、さまざまな変化を通じても、僕たちは、先祖からのワインの基準を受け継いでおり、僕たちのあいだでは、何がいいワインであるかについての意見の一致というものが広く成り立っているのだ、と。

パウサニアス　そう言えば、いま思い出したけれども、ワインを水で割ることが、いつから始まったか知っているかね。

アガトン　何か聞いたことがあるような気がしますが、知りません。

パウサニアス　これは、本当の話というよりも、伝説に近いものだと思うのだが、僕が前に聞いたことによれば、大昔われわれわれの先祖はみな、スキタイ人のようにワインを生《き》で飲んでいたそうだ。われわれの先祖の多くは酒に強かったから、こうした飲み方でもそれほど多くの不都合は生じなかったが、それでも、なかには不祥事を起こす者もいて、どうにかしなければとなっていたときに、ある者が、ワインをそのまま飲むのではなく、水にワインを混ぜて飲む方が、酔いにくいだけでなく、よりおいしいことを発見したのだという。その頃にも、ワインにうるさい連中がいて、これがワインの正しい飲み方かどうかで、激しく議論されたそうだ。その結果、ワインを生《き》で飲むのが正しい飲み方だとする者と、ワインは水で割って飲むのが正しいとする者とのふたつのグループができて、たがいに譲らなかったのだそうだ。

アガトン　そんな時があったのですね。でも、結局は、現在のような飲み方が正しいということになったのですね。

パウサニアス　そうだ。飲み方が変わると、その飲み方に適したワインが何であるかも変わるだろう。だから、おいしいとされるワインの種類も変わっただろうね。

アリストファネス　なるほど。最近はワインを生《き》で飲む連中も増えているから、今度は逆に、ワインは生《き》で飲む方が正しい飲み方だということになるかもしれないわけだ。

アガトン　それはちょっと考えられないような気がしますね。

アリストファネス　いや、わからないぜ。

ソクラテス　パウサニアス、きみが思い出してくれたことは、いまの話にぴったりだね。多分長いことかかったのだろうが、ワインは生《き》のままでは飲まないという合意が結局のところできあがったわけだものね。一時的には対立があるように見えても、長い目で見れば、やはりひとつの基準が僕たちのあいだでは通用するというわけだ。

アガトン　「われわれのあいだでは」というのが強調されていますが、そうでない場合にはどうなるのですか。

ソクラテス　残念なことに、その点については聞けなかったんだ。何しろ、クレタからの客人は、翌朝早くアテネを発たなければならないというので、話を止めて、帰らなければならなかったんだ。でも、かれがした話は、僕たちのあいだでなく、僕たちとまったく異なる人々と僕たちとのあいだで、同じワインがいいワインとされるかという問いに答えるために、十分な手がかりを与えてくれていると僕は思う。

8　いいワインは、いつでも、どこでも、いいワインか

パウサニアス　ソクラテス、きみが会ったと言う、そのクレタからの客人は、先に僕がアガトンに反対して言っていたのと同じことを言っているじゃないか。おいしいワインとは、だれでもよいだれかにおいしく感じられるワインではないということから、おいしい、いいワインとは、ワインの味がわかる者が味わって初めてわかるということまで、まったく同じだ。

ソクラテス　パウサニアス、きみが喜ぶのもわかるし、それに水を差すつもりもないんだが、きみが見落としていることがひとつある。

パウサニアス　え、いったい何だい。

ソクラテス　たしかに、クレタからの客人が言ったことは、きみが先に言っていたこととよく似ている。しかし、ワインの味がわかるひとと、いいワインのどちらを先に置くかで、かれときみとは正反対だ。かれは、まずワインの味がわかるひととはどんなひとかをはっきりさせてから、その後に「いいワイン」を、ワインの味がわかる人々がそのように同意したワインだとした。それに対して、きみの場合は、アガトンが巧みに示してみせたように、いいワインというのがどういうものであるかが最初にわかっているものとして、それから、ワインの味がわかるひととは、いいワインを味わっておいしいと感じるひとだとした。この違いは、とても大き

いと思うよ。

パウサニアス どこから、大きな違いが生まれるんだ。ワインの味がわかることと、いいワインであることのどちらが先か後かというだけで、結局のところは同じことを言っているじゃないか。

ソクラテス クレタからの客人によれば、いいワインというのは、ワインの味がわかるひとたちによって、いわば、作られるものだ。ただし、かれらが作ると言っても、すべてがかれらの勝手になるわけではない。まず第一に、かれらは他の人々から「ワインの味がわかるひと」と認められていなければならないし、第二に、かれらの判断も最終的には人々の承認が得られるものでなくてはならない。これらの点で、アリストファネスの話に出てきたような、裏で糸を引いて人々の好みを変えようとする商人たちと、かれらは違う。だが、肝心なのは、いいワインというものが、ワインの味がわかるとされる人々とは独立にあって、かれらがそれを見つけ出すのではないということだ。それに対して、パウサニアス、きみの場合は、いいワインというのは、ワインの味がわかるひとに先立ってあって、そうしたワインを見分けることのできるひとが、ワインの味がわかるひとだということになっている。

アガトン そうです。だから、いいワインとはどんなワインなのかという質問に対して、パウサニアス、あなたは満足に答えられなかったのです。

ソクラテス　その件をこれ以上蒸し返すのはやめにしようよ。それよりも、パウサニアス、きみの考え方と、クレタからの客人の考え方の違いをはっきりさせるためには、僕たちのもとで、いいワインとされているワインが、たとえば、スキタイ人のもとでも、いいワインであるかどうかということを考えたらよい。

パウサニアス　スキタイ人が、ワインの良し悪しを問題にするとは思えないが、それはもちろん、いいワインは、どこに持って行こうが、いいワインであることに変わりはないさ。

ソクラテス　ほら、きみは、そのように答えるだろう。しかし、クレタからの客人のような考え方をすれば、そうはならない。

パウサニアス　いったい、どうなるんだい。

ソクラテス　それによれば、僕たちのもとでの「いいワイン」とは、あくまでも僕たちの基準のもとで「いい」とされるワインのことだ。したがって、もしもスキタイ人のもとでのワインについての基準が、僕たちのそれと違っているならば、それがそこでも「いいワイン」であるという保証はないことになる。

アガトン　いいワインであるかどうかは、どんな人々のあいだで考えるかによって、違うということですね。

ソクラテス　そう。パウサニアス、きみは、いいワインというものが、それを味わうひとがどう判断するかとは無関係に、それだけで決まっているように考えているが、クレタからの客人によれば、いいワインというものは、異なる土地ごとに、そこに住むひとたちのなかで「ワインの味がわかるひと」とされている人々の判断によって異なりうるんだ。なぜならば、先に言ったような意味で、いいワインは、こうしたひとたちによって作られるからだ。

パウサニアス　それじゃあ、最上級のキオスのワインをスキタイ人のもとに持って行っても、それは、そこでは「いいワイン」ではないということか。

ソクラテス　僕たちにとっては、そのワインがいいワインであることは相変わらずだが、スキタイ人にとっては、そうではないかもしれないね。

パウサニアス　しかし、スキタイ人がふだん飲んでいるようなワインと、キオスのワインでは大違いじゃないか。

ソクラテス　僕たちにとって、それは明らかかもしれない。でも、それは、僕たちがこれまで飲んできたワインと、そうしたワインについて聞かされてきたことがあるから、明らかだと思えるだけじゃないだろうか。

パウサニアス　それでは、アガトンがさっき言っていたことと同じじゃないか。つまり、おいしいと感じるかどうかはひとごとに違い、いいワインとはおいしいワインのことであり、おいしいこととおいしく感じることとは同じだから、いいワインはひとごとに違うということになるじゃないか。

ソクラテス　いや、そうはならないと僕は思うよ。実際に自分で味わってみなければ、ものの味はわからないというのは、正しいと思うけれども、ものの味というのは、それだけではない。アリストファネス、きみの言葉「舌なんて、そんなにあてになるものではない」は、ある真実をとらえている。自分がどんなものを食べたり飲んだりして育ったのか、その味について、まわりのひとが何を言うか、こうしたこと全部が、僕たちの舌に影響する。だから、ひとりひとりの好みに違いがあるとしても、そうした違いは、結局のところ、自分のまわりの人々みなの好みに共通するものに比べたら、まったくたいした違いではないと言ってよいのじゃないだろうか。共通の好みをもつ人々のあいだでも、どんなワインをいいワインとすべきかについて、意見が分かれることはありうるというだけのことだ。

アガトン　パウサニアスは反対するかもしれませんが、それはわれわれのあいだで実際にしょっちゅう起こっていることだと私には思えます。

パウサニアス　僕は、そこまで否定するつもりはないよ。さっきも言ったように、ワインの味がわかる者のあいだでは、一時的な意見の違いはあっても、最後には一致するということを言いたかっただけだ。

ソクラテス　ここで大事なのは、これが、それぞれの好みだけの問題ではなく、もっと広く

「いいワイン」としてひとにすすめられるかどうかの問題だということだろう。こうした場合、つまり、好みが共通している人々のあいだでは、その味も含めて、ワインの良し悪しについて論議することが意味をもつことは認められるだろう。

アガトン　ええ、もちろんです。

ソクラテス　そうした論議はたぶん、ふたつの形を取るだろう。ひとつは、問題になっているワインが、いいワインの基準を満たすかどうかにかかわるもので、もうひとつは、いま採用されている基準ではいいワインとされないようなワインについて、それがむしろ、いいワインと判定されるように、いまの基準を変えるべきかどうかというものだ。

アガトン　たしかに、その通りだと思えます。

ソクラテス　でも、僕たちとはまったく異なる暮らし方をしていて、その結果、食べたり飲んだりするものも大きく違うような人々のもとで育ったひとと、ワインの好みについて話をする場合は、まったく別だ。

アリストファネス　たとえば、スキタイ人とかかい。

ソクラテス　そう、スキタイ人とか。かれらにだって、食べ物や飲み物の好みはあるだろう。それが、僕たちのとは大きく違うということは想像がつくじゃないか。あるいはペルシア人だっていい。かれらがワインを好むことはよく知られたことだ。ワインを発見したのは、かれらだと言うひとさえいる。でも、かれらの好みが僕たちとは違うことは当然だろう。

アリストファネス　われわれのなかには、スキタイ人はともかく、ペルシア人とワインを一緒に飲んだ奴もいるだろう。そうした連中からは、ペルシアのワインを好むようになる者も出て来るだろうし、また逆に、ペルシア人のなかからも、われわれのワインに目がない奴が現れてもおかしくない気がするね。

ソクラテス　アリストファネス、きみはいい所を突いた。ワインの好みというものは、結構変わるものだということは、前にも話に出ていた。ワインの味にうるさいひとのなかに、いままでのワインの味にあきたりなくて、新しい味を求める者も出てくるという話もあった。しかし、ワインの好みが変化する場合、いちばん多いのは、自分とは違う土地の人々のワインと出会うことじゃないだろうか。ペルシアのワインがいい例だろう。ペルシアのワインを最初に味わった者は、それが自分がふだん飲みなれているワインの味と大きく違うことに驚いたにちがいない。初めは受け付けなかったかもしれない。しかし、味わう機会が増えるにつれて、それはだんだん許容できる味になり、しまいには、おいしいと感じられるまでになる。

パウサニアス　いまのところはそうなっていないようだが、そうなっても、僕は驚かないね。

ソクラテス　そうだろう。そういうことが、これから繰り返し起こるということは考えられる。さまざまな土地の人々と付き合うに連れて、そうしたひとたちの好みに影響されて、僕たちの好みが変わり、また逆に、向こうのひとたちも、僕たちの好みに影響されるということが、起こってくるだろう。

アリストファネス　商人たちは当然、両方の土地のワインがどちらでも手に入れられるようにするだろうね。

アガトン　どちらの土地のワインも同じように手に入るようになれば、それ全体を含めての、いいワインの基準が作られることになるわけですか。

ソクラテス　そうだと思うよ。

アガトン　そうすると、どちらの土地の連中も、同じ基準をもつようになって、同じワインの好みをもつようになるのでしょうか。

ソクラテス　もちろん、どんな種類のワインをいちばん好むかといったたぐいのことでは、違いはあるだろうが、いいワインがどういうワインであるかについては、だいたい一致することになるのじゃないだろうか。

アガトン　それを聞いて思いついたことがあるのですが。

ソクラテス　何だね。

アガトン　いまはとても考えられませんが、ひょっとすると、そのうちに、われわれが噂だけでしか知らないようなはるか遠くの土地の人々とも交易するようになるということもあるかもしれません。

アリストファネス　そうした連中がここまでやってきてアゴラでキオスのワインを買うようになると言うんだろう。

アガトン　逆に、われわれのうちのだれかが、そのはるか遠い土地まで行って、そこのワインを味わうこともあるかもしれません。そして、さらに空想を広げれば、この世界のすべての土地の人々のあいだでの交易が実現する日がいつか来るかもしれません。

ソクラテス　それはまた、驚くような考えだね。

アリストファネス　そんな日は絶対に来ないと俺は思うね。だいいち、そんな遠くまでワインを運んだら、それはもう飲めたものじゃないだろう。

アガトン　いや、それには将来、何か手立てが見つかるかもしれません。問題はそれだけじゃないでしょうが、もしもそうした問題すべてが解決されて世界中のワインがどこでも手に入るようになると考えましょう。これまでの話が正しければ、すべての土地の人々のワインの好みがたがいに影響しあうことによって、いいワインがどのようなワインであるかについて全世界規模の合意ができてもおかしくないでしょう。

ソクラテス　ありえないとは言えないだろうね。

アガトン　そうすると、そのとき、いいワインとされるワインは、どこに持って行っても、いいワインとして通用するでしょうから、それが本当のいいワインだということになるのではないでしょうか。

ソクラテス どこでもいいワインとして通用するというのは正しいかもしれないけれども、それだから、それが本当のいいワインだというのは、当たっていないように、僕には思えるね。

アガトン なぜですか。

ソクラテス まず、いいワインがいいワインになるには、必ず何らかのいきさつがある。いいワインの基準というものは、歴史を通じて、いろんな変化を遂げて来ているものだからね。そして、この変化は、どんな土地の人々と、どんな順序で知り合うようになったかといったようなことにも影響される。ワインの好みは、ほとんど常に、自分よりも前の世代の好みから出発して、その後、さまざまな影響を受けることで変化するものだから、たとえば、ペルシアのワインと、エジプトのワインのどちらを先に知ったかで、結果する好みは違ってくるだろう。そして、どちらを先に知るかは、たまたまそうなるだけのことだ。つまり、いいワインがいいワインになるには、歴史があり、それは、多分に偶然によるものだ。だから、歴史が違っていれば、まったく別の種類のワインが、いいワインで、おいしいワインだということになったかもしれない。もしも全世界規模の、いいワインの基準というものができたとしても、それはさまざまな偶然の結果、そうなったので、それは、まったく違ったものになっていたかもしれないだろう。

アガトン　なるほど。ぜんぜん別のワインが、いいワインとなったのかもしれないから、「本当の」とは言えないというわけですね。

ソクラテス　それだけじゃないよ。全世界規模で、何がいいワインであるかについての合意ができたとしても、この合意は、いくらでも変わりうる。味の好みの変化が生じるのは、よその土地のワインを知ることによるだけではない。新しい世代のワインの飲み手が出て来ることも、それだけで、十分、好みが変化するきっかけになりうる。いいワインとは、人々のあいだの合意によって決まるもので、そうした合意とは別に「本当の」いいワインなどというものはないんだよ。

アガトン　そして、合意される内容は、常に、変化する可能性があるというわけですね。

ソクラテス　その通りだね。そのときどきの変化の前後を見ている限りは、変化の前の好みとその後の好みのあいだには、違いよりも共通している部分の方が大きいから、変化はそれほど大きいとは感じられない場合が多い。でも、たがいにずっとかけ離れた時代を比べると、その違いは際立って大きくみえる。だから、僕たちは、僕たちの先祖が、まったく不思議なワインの好みをもっていたかのように思ってしまうのだろう。

アガトン　全世界規模のワインの基準ができたとしても、それもまた時間が経つにつれて変化して行くから、どこかで「本当の」いいワインというものがわかるというようなことはないというわけですね。

パウサニアス　たしかに、僕も、いつか「本当に」いいワインが見つかるということはないと思うが、少なくとも、昔のひとたちのワインの好みと較べるならば、現在のわれわれの好みの方が、ずっと洗練されているということは認められるんじゃないだろうか。

アリストファネス　でも、自分たちの好みの方が、昔のひとのそれよりも洗練されているというのが、単なる身びいきではないということを、どうやって言えるんだい。

パウサニアス　そんなはっきりしていることにも、何か理屈がいるのかい。まず、われわれの方が、ワインについての、ずっと広い知識をもっているということがある。われわれの方が、アキレウスが知らなかったような種類のワインをたくさん知っているし、また、ワインの飲み方についても、かれの頃の人々には思いもつかなかったさまざまな工夫があることを知っている。

アリストファネス　俺たちの方が、アキレウスよりも、よりたくさんの知識をワインについてもっているということは、その通りかもしれない。でも、よりたくさんの知識をワインについてもっていることが、なぜ、より洗練された好みをもっていることになるんだい。俺たちのまわりにもいるじゃないか。機会あるごとに、ワインについての蘊蓄を傾けるくせに、実際にはワインの味がまったくわからないような連中のことだ。

パウサニアス　ワインについていろいろと知っているだけじゃ足りないというのは、その通りだ。でも、それだけで、われわれの方が洗練されていると言うつもりじゃない。よりたくさんの種類のワイン、よりさまざまなワインの飲み方を知っているならば、それだけワインについての経験も、より豊富だということになる。より豊富な経験に基づく好みの方が、ごく貧弱な経験にしか基づかない好みよりも、すぐれた好みだということは、さっき、みんなも認めたじゃないか。

アガトン　この件については、パウサニアス、あなたに私は賛成です。でも、ひとつ気になることがあります。

ソクラテス　何だい。

アガトン　われわれの場合は、アキレウスの昔の人々の好みが、いろいろと変化して、現在のものになったわけでしょう。ですから、この場合、そのふたつを比較することはむずかしくないと思われます。でも、われわれとまったく交渉をもったことのない土地に住む人々のワインの好みと、われわれのそれとを比較して、われわれの方が「洗練されている」と言うことはできるのでしょうか。

アリストファネス　俺も同じことを聞きたいね。この世界のなかには、俺たちのだれもが、行ったことはおろか、聞いたこともないような土地があるにちがいない。そこにも葡萄は育ち、さまざまなワインが作られているかもしれない。しかも、そこの連中は、俺たちと同じくらいの長いあいだにわたって、ワインを飲みつけていて、そいつらなりに、いいワインの基準をもっているとしよう。そいつらの基準と、俺たちの基準と、どっちが正しいかなんてことは、言えないだろう。

パウサニアス　それはそうかもしれないが……。

ソクラテス　いや、パウサニアス、困ることはないさ。代わりに僕がふたりに答えてみよう。

パウサニアス　これは、ありがたい。ソクラテス、恩に着るよ。

ソクラテス　まず、その知らない土地が、知らない土地であり続ける限りは、いいワインというものは、そこと僕たちのところとで、違うと考えるしかないだろう。クレタからの客人が言ったように、いいワインは人々のあいだの合意で決まるのだから、それぞれで別の合意ができているというだけのことだ。そして、そのどちらが、他方よりも正しいということはない。しかし、もし僕たちとそこの土地の人々とが行き来し出すようになって、両方が両方のワインを味わうようになったら、話は別だ。最初のうちは、僕たちは僕たちの基準を使ってかれらのワインを評価し、向こうのひとは向こうの基準を使って僕たちのワインを評価するだろう。しかし、どれぐらい時間がかかるかは知らないが、これまで味わったことのないワインを知ることで、どちらの基準も少しずつ変化して行くにちがいない。そして、たぶん、おたがいに相手の基準に歩み寄って行って、最終的にはひとつになるのじゃないだろうか。

パウサニアス　なるほど。この新しい基準の方が、その前にあったどちらの基準よりも洗練されたものになるということだな。

ソクラテス　そう言ってよいのではないだろうか。ただし、これまでの話はすべて、ワインのよさはその味にあると考えている人々についての話で、ワインのよさは味以外のもので決まると考えていたり、ワインによいところはまったくないと考えているような人々にはあてはまらないと僕は思う。

アガトン　ワインは薬としてしか飲まないといったひとたちのことですか。

ソクラテス　それもそうだし、他に、神々に捧げる飲み物であって、儀式のようなときにしか人間は口にしないといった人々もいると聞いたこともある。

アガトン　ワインによいところはまったくないと考えるひととは、ワインを飲むことを禁止するようなひとのことですね。

ソクラテス　そうだよ。ワインを飲むことを禁じているところは結構多いからね。人々にほしいままにワインを飲ませておけば、そのうちに国が亡びると説いてまわっているひとたちのことは、きみたちだって耳にしたことはあるだろう。

アリストファネス　まったく余計なお節介以外の何物でもないな。そんな説教をしている奴に限って、ひとりでこそこそ飲んでいたりするもんだぜ。

ソクラテス　ワインが薬として効くからと言って、ワインを飲むことをすすめる場合も、また、その反対に、ワインは国が亡びるもとだからと言って、ワインを飲むことを禁止する場合も、ワインがおいしいかどうかは問題にならない。おいしいワインであることと薬として効くこととは別だし、おいしいワインであろうがまずいワインであろうが、国の亡びるもとになることでは同じだと考えられている。だから、おいしいという意味で「いいワイン」がどうやって決まるかということについての、ここまでの話が、おいしさとは無関係の事柄にもあてはまることはないと考えるのがふつうだろう。

アガトン　それは、そうでしょう。おいしいかおいしくないかは、結局のところは、ひとの好みに基づくことですが、何かがからだに効くかどうかとか、何かが国を亡ぼすもとになるかどうかといったことは、ひとの好みでどうなるものでもないでしょう。

ソクラテス　そうだろう。僕もそう思うんだよ。でもね、いまの時代は、どんなに一見信じられそうにないことでも、それが正しいと議論する連中に事欠かないんだね。アリストファネス、きみは僕がそういう連中のひとりだと思ったようだが、言っておくけれども、残念ながら僕には、そういった議論を自分で生み出すことはできないんだよ。できることはせいぜい、他のひとが生み出したものが、ちゃんとひとり立ちできるのか吟味してやるぐらいのことだ。

アガトン ソクラテス、ワインが国を亡ぼすもとになるかどうかといったことさえ、ワインがおいしいかどうかといったことと同じだというのは、どういうことですか。そして、それが正しいと言うひとたちとは、どういうひとなのですか。

9 ワインについての話は他のことにもあてはまるのか

ソクラテス ここはしばらく、アガトン、きみに付き合ってもらうよ。たとえば、ワインは、薬としてしか口にしないというひとにとっての「いいワイン」とは、どんなワインになると思うかね。

アガトン 病気のひとならば、その病気を治すのに役立ち、健康なひとならば、病気を防ぐのに役立つようなワインでしょう。

ソクラテス 僕もそうだと思うよ。では、どんなワインが、そうしたワインかを知りたいとしたら、どうすればよいだろう。

アガトン 医者に聞くでしょうね。

ソクラテス　医者と言ってもたくさんいるが、そのだれでもよいのだろうか。

アガトン　評判がよくて、信頼できると思われる医者に聞くのがいちばんではないでしょうか。

ソクラテス　その医者は、医術についての素人のあいだで評判がよければ十分かね。

アガトン　それだけでは十分ではないでしょう。同じ医者どうしのあいだでも評判がよい医者でなくてはならないでしょう。

ソクラテス　そうした医者は、病気のひとだけでなく、健康なひとについても、診たことのある経験の豊富な医者であるべきだろうか。

アガトン　ええ、もちろんです。

ソクラテス　また、そうした医者は、何か特定の病気にしか興味をもたず、それ以外の病気については、ほとんど興味を示さないといった医者であっては、困るだろうね。

アガトン　ひとがどんな病気にかかるかは、前もってわかりませんから、やはり、どんな病気のひともきちんと治療してくれる医者でないと、いい医者とは言えないでしょう。

ソクラテス　さらに、そうした医者は、病気や健康といったことについて、はっきりとした考えをもっているべきだとは思わないかね。

アガトン　ひとが健康であるということが、どういうことなのか、また、それがそのひとにとってどんな意味をもっているのかといった事柄について、ちゃんとした考えをもっているということですね。ええ、それも、いい医者であるためには必要だと思います。

ソクラテス　ほら、アガトン、ここまでで、きみがしてくれたことは、「いい医者」とは、どのような医者かということを言ってくれたことにほかならない。それによれば、いい医者とは、経験が豊富で、どんな病気にもちゃんと取り組んでくれて、病気や健康といったことについて、はっきりとした考えをもっている医者だ。どうだね、何か気付かないだろうか。

アガトン　驚きましたね。これは、ワインの味がわかるひととは、どんなひとかという問いへの答えとそっくりですね。

ソクラテス　ところで、いまの問題は、薬としてしかワインを口にしない人々にとっての「いいワイン」とは、どんなワインかということだった。そうすると、これへの答えはどうなるだろう。

アガトン　いい医者が、いいワインだと言うワインが、そうだということになるのでしょうか。

ソクラテス　そうなるように見えるね。

アガトン　そうじゃないと言われるのですか。

ソクラテス　ここは、ひとつ別の例を考えてみた方がよい。星のことについて何か知りたいとしよう。そうした場合には、どうするだろう。

アガトン　星に詳しいひとに聞きます。

ソクラテス　ワインの味がわかるひとや、いま話に出たばかりの「いい医者」の場合と同じようにして、どんなひとが星に詳しいひとなのかを言うことができるかね。

アガトン　ええ、できると思います。まず、星についての豊富な経験をもっているひとです。つまり、長いあいだ星を観察してきたとか、星に関する昔からの記録やさまざまな著者の書いたものを学んできたといったひとでしょう。次に、特定の星、たとえば、シリウスだけとかでなく、星一般に興味をもっているひとでなければならないでしょう。そして、最後に、星について何かはっきりした考えをもっているひとです。星が何からできているかとか、星の運動は何によって続いているのかといった事柄が、そのなかに含まれるのではないでしょうか。

ソクラテス　アガトン、そうだね。その通りだと僕も思うよ。さて、それで聞くが、星は全部でいくつあるのかといった問いに対して、星に詳しいひとに聞いて、答えがもらえたとしよう。きみは、その答えが正しいと思うかね。

アガトン　どうして私に判断できましょう。星に詳しいひとたちがみな同じ答えをするのならば、そうかもしれないとは思いますが。

ソクラテス　では、星に詳しいどのひとに聞いても、まったく同じ答えが返ってきたら、それが正しい星の数だと言ってよいかな。

アガトン　いいえ。その場合でも、それが本当に正しいとは限りません。

ソクラテス　そうだろう。星に詳しいひとたちがみなまちがえているということだって、ありうるからね。

アガトン　ええ。その通りです。

ソクラテス　それで、医者に、どのワインがいいワインなのかを聞いた場合に戻ろう。あるワインを、すべての医者が、健康のためにいいという意味で「いいワイン」だと言ったとしよう。それで、きみはそれが本当にそうだと思うかね。

アガトン　星の場合と同じで、医者の全員がまちがえている可能性もあるので、本当にそうだとは思わないでしょうが、それでも、たぶん正しいのではないかとは考えます。

ソクラテス　それに対して、ワインをその味で、いいかどうかを判定する場合、ワインの味がわかるひとたちが全員、あるワインを「いいワインだ」と太鼓判を押したときはどうだね。かれら全員がまちがっているということは、ありうるだろうか。

アガトン　クレタからの客人が言われたことが正しければ、「いいワイン」とは、ワインの味がわかるひとたちがみなそうだと合意したワインのことですから、それはありえないということになるのでしょう。

ソクラテス　そうだと僕も思うね。

アリストファネス　ソクラテス、ちょっと待ってくれ。ワインの味がわかるとされている連中が、きのうは「いいワイン」だとしたワインを、きょうになって、そうは考えないということはあるのだろう。

ソクラテス　それは、ないとは言い切れないね。一日で変わるなんてことはなく、けっこう長い時間がかかるものだが、ワインの基準は変化するものだからね。

アリストファネス　そうだとすると、どうなるんだろう。いったん同意したことを変更したとしても、それは前のがまちがっていたことにはならないのだとすれば、医者の場合でも、同じじゃないのか。去年までは、からだにいいワインだとされたワインが、今年は、そうではないと医者全員が合意したとしよう。この場合も、去年までの合意がまちがっていたと考える必要はないのじゃないのか。もしもそうでないのならば、味によって「いい」とされたワインの場合だって、ワインの味がわかるとされる連中が意見を変えたのならば、それは、以前の意見がまちがっていたということになるだろう。

ソクラテス　アリストファネス、きみの理屈はまさに、僕が考えていた人々の理屈そのものだ。かれらは、味がよいという意味での「いいワイン」が何であるかだけでなく、からだによいという意味での「いいワイン」が何であるかも、さらには、この世に何個の星があるかといった事柄まで、それぞれの事柄について詳しいと自他ともに認めるひとたちの合意によって決まると考えるんだ。

アガトン　味のよいワインは、ワインを飲む人々のあいだでの合意で決まるけれども、星の数は、星の数を気にするひとたちのあいだでの合意では決まらないというのが、ふつうの考え方ですよね。ソクラテス、あなたが引き合いに出されたひとたちは、それを否定するわけですか。

パウサニアス　それはまた、とんでもなくばかげたことを言う連中だ。そいつらはたぶん、神々がわれわれに何をもたらすかもまた、ただの人間にすぎない神官たちの合意によって決まると言うんだろう。

アリストファネス　しかし、結局のところ、どんなことについても、俺たち人間に知ることのできることは、そのことについて俺たちのなかでいちばんよく知っている連中が知っていることを超えることはできないんだから、このように考えたがるのもわからないではない。でも、そう言うからといって、俺がそれに賛成だというわけじゃないぜ。

ソクラテス　アリストファネス、またまたきみはいいところを突くね。たしかに、星が全部で何個あるかを知るために、死ぬべき人間にできる最上のことは、僕たちのなかで星のことをいちばんよく知っているひとに聞くことだ。だが、死ぬべき人間のうちの最上の者でさえ知らないこと、知っていると思っているだけで、本当はまちがえていることも、この世の中にはあるというのが、普通の考え方だ。それに対して、いま問題にしているひとたちは、こういう具合いには考えない。味がよいという意味でのワインは、発見されるのではなく、「作られる」と、クレタからの客人は言ったことを思い出してほしい。いま考えているひとたちは、味のよいワインだけでなく、からだによいワインも、さらには、星の数までも、人々のあいだでの合意によって決まるのだから、人々によって「作られる」のだと言うだろう。

パウサニアス　まったく気違いじみているとしか言えないね。ワインはともかくひとが作るものだが、星の数までもが、われわれによって「作られる」とは。

ソクラテス　そう。ばかげていると思うのが当然だと僕も考えるよ。しかし、これがまちがっていると示すことは、意外とむずかしいんだ。また、これが極端な考えであるだけに、ひとを引き付ける力もなかなかばかにならないんだ。

アガトン　私も、星の数が人々のあいだの合意で決まるというのは、行き過ぎだと思います。しかし、星の数のような、人間の力が及ばない事柄ではなく、私たちがする行いについてならば、とりわけ、それが正しい行いか、それとも、正しくない行いかといった事柄についてならば、それが人々のあいだの合意で決まると言うことには、もっともなところもあると思いますが。

パウサニアス　ソクラテス、ずいぶん前になるけれども、プロタゴラスがカリアスの家に滞在していたとき、似た話が出たように思ったけれども、違うかな。

ソクラテス　何しろプロタゴラスは何事についても見事に語ることのできるひとだったからな。

かれが語ったことのなかには、あまりにも巧みに語られたので、僕の力ではついていけなかったものもある。しかし、少なくとも、いまアガトンが触れたような考え、つまり、ひとの行いは、いつでもどこでも同じように正しかったり正しくなかったりするのではなく、その土地や時代で変わりうるという考えを、かれが弁護したことはたしかだ。

アガトン　プロタゴラスがアテネに来たとき、ソクラテス、あなたがカリアスの家にプロタゴラスを訪ねてきたことを覚えていますよ。

ソクラテス　アガトン、きみがそのときにいたことを、僕こそよく覚えている。何たって、きみはじつに美しい少年だったからね。パウサニアスは、きみに夢中なんだろうと思ったことも覚えている。[*20]

パウサニアス　月日の経つのは速いものだ。アガトン、きみはたぶん、そのとき十五歳ぐらいだっただろう。アルキビアデスもその場にいたが、もう少年とは言えない年頃だったね。[*21]しかし、ソクラテス、きみはアルキビアデスと一緒になって、プロタゴラスをやっつけたものだから、かれが機嫌をわるくしたの何の。しばらくは、アテネ中の語り草だったものだ。

ソクラテス　僕は、プロタゴラスの気を損ねようなんて気は毛頭なかった。また、アルキビアデスと一緒になってと言うが、それはたまたまそうなってしまっただけのことだ。何も示しあわせたりしたわけではない。しかし、パウサニアス、きみはいいことを僕に思い出させてくれた。そうだ。プロタゴラスは、そうは言っていなかったし、かれが賛成するかどうかもわからないが、いいワインがワインの味がわかる人々のあいだの合意で決まるのと同じように、正しい行いというものが人々のあいだの合意によって決まると考えることは、プロタゴラスが昔カリアスの家で言っていたことと大きくは違わない気がする。ここは、アガトン、きみにまた付き合ってもらおう。

アガトン　ええ、いいですよ。

ソクラテス　ワインの良し悪しが、ワインの味がわかる人々のあいだの合意で決まるのと同じような仕方で、ひとの行いの正不正が決まるのだと言うひとがいるとしよう。このひとが言っていることは、もう少し詳しく言うと、どういうことになるだろう。

アガトン　これまでのふたつの例、医者の例と、星の例にならえばいいのですか。

ソクラテス　その通りだよ。アガトン、きみにはむずかしくあるまい。

アガトン　ワインの味がわかるひととは、おいしさという観点からワインについて詳しく、的確な判断を下すことのできるひとのことでしたね。

ソクラテス　そうまとめてもよいね。

アガトン　同様に、医者とは、健康という観点から人間のからだについて知識と経験をもち、的確な判断を下すことのできるひとと言っていいですね。

ソクラテス　その通り。

アガトン　そうすると、ここで必要なのは、ひとの行いについて、その正不正という観点から、知識と経験をもち、的確な判断を下すことのできるひとでしょう。

ソクラテス　アガトン、きみの言う通りだよ。こうしたひとのことをどう呼んだらよいだろうか。

アガトン　「ワインの味がわかるひと」にならえば、「ひとの行いの正不正がわかるひと」とでも呼ぶのでしょうか。「ひとの行いの正不正に詳しいひと」でもよいかもしれません。

ソクラテス　では、こうしたひとがどんなひとであるかを、もう一度言ってくれないかね。

アガトン　まず、こうしたひとは、ひとの行いの正不正について豊富な経験をもっているひとでなくてはならないでしょう。

ソクラテス　もう少し詳しく言ってもらえないかね。

アガトン　自分や他人の、正しかったり正しくなかったりする行いを実際に経験したことがあり、また、自分では経験していない昔の人々の正しかったり正しくなかったりする行いについての広い知識をもっているといったひとでしょうか。

ソクラテス　とりあえずは、そんなところだろうかね。

アガトン　次に、こうしたひとは、何か特定の種類の行い、たとえば、戦《いくさ》の際にひとがどういう行いをするかといったことだけにしか関心をもたないのではなく、戦の場面と限らずいろんな場面で、ひとがするさまざまな種類の行いのどれに関しても関心を寄せることのできるひとでなくてはならないでしょう。

ソクラテス　そうなりそうだね。

アガトン　そして、最後に、こうしたひとは、ひとの行いの正不正について、はっきりとした考えをもっているひとでなければならないでしょう。以上の三つのことをすべて満たしているひとが、ひとの行いの正不正がわかるひとということになります。

ソクラテス　ワインの場合と同じだとすると、きっとこうなるだろうね。でも、このままだと、これは言葉だけという感じがするね。ひとの行いの正不正がわかるひとというのは、たとえば、僕たちのところでは、だれのことなのだろう。

アガトン　昔ならば、ソロンのような賢者のことだと言えたのかもしれませんが、いまではだれでしょうか。ひとの行いの正不正も含めてさまざまな知識を教えると言っているプロタゴラスのようなひとでしょうか。それとも、ペリクレスのような政治家でしょうか。私には何が正しい答えなのかがわかりません。

ソクラテス　そうだろう。ひとの健康や病気に詳しいのはだれかとか、星に詳しいのはだれかという問いに対しては、すぐ答えることができる。ワインに詳しいのはだれかについても同じだ。でも、ひとの行いの正不正に詳しいひとはだれかという問いに対しては、どう答えても何か欠けている気がするのは、どうしてだろう。

アガトン　ひとの行いの正不正がわかるひとが実際にはだれであれ、ひとはどうすればそうしたひとになれるのかを考えてみたらどうでしょう。

ソクラテス　アガトン、それはいいやり方かもしれない。さて、どんな具合いになるのだろう。

アガトン　ひとの行いの正不正に、だれでもが同じように関心をもつとは思えません。したがって、そのことをとくに気にかけるひとが、ひとの行いの正不正がわかるひとになるのではないでしょうか。

ソクラテス　そうしたひとは、自分の行いが正しいか、それとも正しくないかについても、気にかけるのだろうね。

アガトン　ええ。そうでなければならないでしょう。

ソクラテス　それは、自分の行いが正しいものとなるために、そうするのだね。

アガトン　もちろんです。それは、ワインの味を気にかけるひとが、まずいワインを飲むためにそうするのではなく、おいしいワインを飲むためにそうするのと同じです。

ソクラテス　ワインの味に詳しいひとは、自分がおいしいワインを飲むためだけに、ワインの味を気にするのだろうか。

アガトン　いいえ、そうではないと思います。自分だけでなく、他のひとたちもおいしいワインを飲めるようになるために、そうするのではないでしょうか。

ソクラテス　自分だけおいしいワインを飲めれば、それで満足しそうなものなのに、なぜ他人のことまで考えるのだろうか。

アガトン　それは、少なくともわれわれのところではワインが、ひととともに楽しいときを過ごすためのものだからです。他のひとがまずいワインで満足しているならば、自分もまずいワインを飲まされるかもしれないからでしょう。

ソクラテス　では、ひとの行いの正不正についても、同じことが言えるだろうか。

アガトン　ええ。ひとの行いの正不正とは、ひととひとのあいだで生じることでしょうから、自分だけが正しい行いをしていても、他のひとが正しく振る舞わなければ、自分に災厄が降りかかってくるのを避けることができません。

ソクラテス　そうすると、ひとの行いの正不正を気にかけるひとは、自分だけでなく、他のひとたちの行いも正しいものとなるために、そうするのだね。

アガトン　はい。

ソクラテス　こうしたひとは、自分と他人の行いの正不正を、何かひとつの同じ基準ではかると思うのだが、それでよいだろうか。

アガトン　はい、そうでなくてはならないでしょう。自分の場合と他のひとの場合とで異なる基準を用いることは、そもそも正しくない行いでしょうから。

ソクラテス　その基準をそのひとはどうやって手に入れたのだろうか。

アガトン　きっとそれもワインの場合と同じで、ひとは、自分が生まれ育った人々のあいだで、どういう行いが正しく、どういう行いが正しくないとされているかを学ぶのでしょうから、そうした人々から、ひとの行いの正不正についての基準を手に入れたのだと思います。

ソクラテス　ワインの場合と同様だとすると、ひとの行いの正不正の基準も、その土地によって異なると考えてよいだろうか。

アガトン　ええ、ワインの場合と同様だと考えてよいのならば、そうなるでしょう。ひとの行いの正しさも、発見されるものではなく、人々の合意によって作られるのだと考え、どのような合意がなされるかは、どのような人々のあいだであるかによって異なるのだとすれば、そうなるでしょう。

ソクラテス　ある土地の人々のあいだでの基準は、変わらないものなのだろうか、それとも、変わるものなのだろうか。

アガトン　いいワインの基準と同様、変わるものでしょう。ワインの場合と同様だと考えれば、そうした変化は、ひとつには、よその土地の人々と交渉をもつようになって、その土地での正不正の基準に接することによって生じるでしょうし、もうひとつには、新しい世代が現れることによっても生じるでしょう。

ソクラテス　基準は変わるにしても、そのときどきの基準は、すべてのひとによって認められるようなものでなくてはならないと思うけれども、そう考えてよいだろうか。

アガトン　いいワインの基準の場合と同じならば、そうでなければならないでしょう。だれがそういうひとなのかわかりませんが、ひとの行いの正不正に詳しいひとたちのあいだで合意されされ、それがさらに、他のひとたちにも認められることが必要だと思います。

ソクラテス　さて、そうすると、ひとの行いが正しい行いだということは、どういうことだと言えるのだろう。

アガトン　いま受け入れられている基準に照らして正しい行いだとされるものが、正しい行いだということになるでしょう。そして、この基準は唯一のものでもなければ、変化しないものでもありません。

ソクラテス　たしかに、これは、カリアスの家でプロタゴラスが語っていたことを思い出させる。アガトンは先に、星の数は、ワインのよさのように僕たちのあいだの合意で決まるとは思えないが、ひとの行いの正しさは、そう決まってもおかしくないと言ったが、はたしてそうだろうか。

パウサニアス　僕は先ほどからちょっと驚いているのだが、ソクラテス、きみはなぜきみのおはこを出さないんだ。

ソクラテス　「僕のおはこ」とは何だね。

パウサニアス　きみはいつも、僕たちのからだを益するものと害するものがあるのと同様に、僕たちのこころについても、それを益するものと害するものとがあって、正しい行いはこころを益するが、不正な行いはそれを害すると言っているじゃないか。もしもそれが本当のならば、ひとの行いの正不正は、作られるものではなくて、何がからだによく何がからだにわるいかと同じく、見つけ出すものになるだろう。

ソクラテス　パウサニアス、これは驚きだね。僕の言ったことを覚えてくれているなんて。では、人々が一致して、ある行いを正しい行いだと認めているとしても、それだけでは、それが正しい行いであるためには十分でないということになるのだろうか。

パウサニアス　みんなが一致して正しいと認めているということは、それが正しい行いであることの証拠にはなるだろうが、決定的な証拠にはならないだろう。われわれがみな、当然正しいとか、当然正しくないと考える行いが、その逆だったということは、ありそうな気がするがね。たとえば、民会に女が出ようとしたら、止めるのが正しい行為で、止めないのは正しくない行為だと、当の女まで含めてみんな認めているだろう。しかし、将来、じつはわれわれがまちがっていて、その逆が正しかったことがわかるかもしれない。

アガトン でも、それは、ひとの行いの正不正についての基準が変化したのであって、そのときの基準によれば、そうなるというだけのことだとも言えます。

パウサニアス ひとの行いの正不正の評価というものは、昔といまとくらべれば、いまの方がすぐれていると思わないかね。ということは、より正しく評価できるようになってきているということではないだろうか。だから、時代が進めば進むほど、われわれは、人々の合意とは別に決まっている、ひとの行いの正不正というものに近づいて行くのではないだろうか。

アガトン パウサニアス、それはあなたが、ワインの好みが時代につれて洗練されてきたと言われたのと同じですよ。ワインを味わうひととは別にワインの本当の味というものがあって、ひとがそれに近づいて行くのではないのと同様、たがいにさまざまな交渉をもつ人々とそのあいだの合意とは別に、ひとの行いの正不正などというものはないと思います。正不正の評価の仕方が、昔よりも進んでいるようにみえるのは、そのあいだにさまざまな新しい経験や、よその土地の人々と付き合うことで知るようになった、もともとの自分たちの基準とは違う正不正の基準のおかげではないでしょうか。

アリストファネス いまの場合と、ワインの場合とで、大きく違う点がひとつあると俺は思うね。ワインの場合、よその土地のワインを知ることで、自分たちのワインの好みが変わるという話があっただろう。ワインの場合だって、実際は、よそからワインを持ってくる商人たちの目論見も考えなければ片手落ちだと思うのだが、ひとの行いの正不正についてのよその土地の考え方ということになると、これは、ワインよりももっと露骨に、こちらと向こうのあいだの力関係が利いてくる。たとえば、先にもちらっと話に出たが、よその国のなかには、ワインを初めとして、どんな酒もまかりならないというところもある。そうしたところの連中が入ってきてみろ。最初こそ、おとなしくしているだろうが、そのうちに、ワインを飲むことは正しいことではないなどと宣伝し始めるに決まっている。こちらは、ワインを飲まない連中にわざわざ飲ませようなどとはしないが、奴らは別だ。いまの俺たちのように、自分たちだけでだれにも迷惑をかけないでワインを楽しんでいる者まで、攻撃してくる始末だ。こうした連中が権力を握るようになったら、もう一巻の終わりだ。だから、俺は、パウサニアスみたいには楽観的になれないね。ひとの行いの正不正の基準とされているものは、人々のあいだの合意などによってではなく、力によって決まるからだ。

ソクラテス　おや、アリストファネス、また演説を始めるつもりかな。こんなときでなければ、ぜひ聞かせてもらいたいものだが、残念ながら、薔薇色の指をした暁の女神のエーオースが姿を現してもおかしくない時間になったようだ。だが、ひとつわかったことがある。というよりも、むしろ、わからないとわかったことがある。

アガトン　何ですか。

ソクラテス　アガトン、きみにはずいぶんとがんばってもらったけれども、ワインの良し悪しの話を、ひとの行いの正不正の話に移すのには、かなり無理があるようだ。だいいち、ひとの行いの正不正について詳しいひととか、ひとの行いの正不正がわかるひとというのが、さっぱり具体的にならない以上、ワインの話をなぞることはできても、本当のところ、何の話をしているのかよくわからないんじゃないだろうか。むしろ、ワインの話を無理をしてここにあてはめるよりも、逆に、それがうまくあてはまるのは、どんな事柄についてかを考える方がよいと僕には思えてきた。そこで、ということもあるのだけれども、正直なところを言うと、僕には以前から、アガトンとアリストファネスのふたりに聞いてみたいと思っていたことがあるんだ。もうこんな時間だが、いまのようにふたりとも揃っているところで、それを聞かないで帰ればきっと後悔するに決まっている。だから、あともう少しだけ付き合ってもらえないだろうか。

アガトン　ソクラテス、そういうことならば、私はまったく文句はありません。

アリストファネス　俺も反対はしないぜ。もっとも、また眠気がやってきたみたいで、ちゃんと起きていられるか保証はできないけれども。

パウサニアス　さすがに僕も眠くなってきたが、異存はないよ。ソクラテス、きみはふたりに、いったいどういうことを聞きたいのだね。

ソクラテス　クレタからの客人が来ていた宴会で、かれから、いいワインはどうやって決まるかという話を聞いたとき、それと同じことが言えるのは、どんなものについてだろうかと僕は思ったね。そのとき真っ先に心に浮かんだのは、ついいま僕たちが話していた事柄などではなく、そうした席だったから、笛吹き女の演奏とか踊り子たちの踊りとかだった。そして、次に浮かんだのが、彼女たちと一緒にするなんてと、アガトンとアリストファネスは怒るだろうが、毎年のディオニュソス祭に演じられる芝居だった。音楽の演奏にしても、舞踊にしても、そして、芝居にしても、「いい演奏」とか「いい踊り」とか「いい芝居」と言われるものがあり、それがどのようにして決まるのか、僕はいつも不思議に思っていた。クレタからの客人がワインについて言ったことが僕に感銘を与えたのには、それが、こうした僕の疑問への答えを与えてくれるように思われたということもあるんだ。

アガトン　それは私も聞きたいですね。いい芝居というのは、どのようにして決まるのですか。

ソクラテス　芝居はなかなかむずかしいので、まず笛吹き女の場合から考えてみよう。そうした笛吹き女のうちのだれかの演奏がいい演奏だというのは、どうやって決まるのかを考えてみよう。

アリストファネス[*22]　笛吹き女のよさは、ふつうは、笛をうまく吹けるかどうかでは、決まらないんだがね。

ソクラテス　それはもちろん僕も承知だ。だが、そっちがうまいかどうかは別問題として、ここでは純粋に笛の上手下手だけを問題にしよう。いいワインについて言われたことは、この場合にこそ、よくあてはまると思われる。たぶん繰り返すまでもないだろうが、つまり、笛による演奏に詳しいと自他ともに認める人々が一致して推奨するような演奏が上手な演奏だということだ。

アガトン　芝居の場合も、まったく同じように言えるのではないですか。つまり、芝居に詳しいと自他ともに認める人々が一致して推奨するような芝居が、いい芝居だと。

ソクラテス　僕がきみたちふたりに聞きたいのは、その点に関してなんだ。なぜ僕が、芝居の場合むずかしいと考えるかというと、「芝居」と言っても、アリストファネス、きみが書くような喜劇もあれば、アガトン、きみが書くような悲劇もある。つまり、喜劇と悲劇の違いを無視して、ひとくくりに「芝居」と呼んですむのだろうかというのが、僕の問題なんだ。

10　アポロドロスの話

アポロドロス　話の途中なのだが、僕が聞いた話はここで終わっている。たぶんパウサニアスが寝てしまってこの後を聞かなかったか、あるいは、おぼろげにしか覚えていないからだろうと、僕にこれを聞かせてくれたひとは言っていた。それでも、アリストデモスが伝えているところから、この後ソクラテスが、悲劇を作れるひとは喜劇も作れるし、その逆も正しいことを、アガトンとアリストファネスに納得させようとしたのだろうということは推測がつく。*23

それはそうなんだが、初めにも言ったように、この話を最初に話して聞かせた僕の友達は、これ全体がかなり怪しいと言うんだ。アガトンのところでの宴会で何が話されたかについて、アリストデモスが伝えてくれなかった部分を知っているというひとから、その一部始終を聞くために、僕はそのひとを何日も僕の家に泊めて、いろいろと歓待したことを聞いて、僕の友達は、僕が一杯喰わされたのだと言った。かれがそう考える理由は、ここでソクラテスが言っていること、とりわけ、何がいいワインであるかは人々のあいだの合意で決まるということは、アリストデモスが伝えているソクラテス、ディオティマに完全に説得されたというソクラテスから、あまりにもかけ離れすぎているということにある。*24 そちらのソクラテスならば、われわれ死すべき人間が味わうことのできる、どんなに素晴らしいワインでも、不死の神々が味わう美酒に比べれば何物でもないということを強調するに違いなく、ここで描かれているソクラテスのように、死すべき人間のあいだで満足しているはずはないというのだ。さらに、かれに言わせれば、「クレタからの客人」というのが怪しいのだそうだ。なぜならば、クレタが嘘つきの多いところだというのは有名な話だからだ。

というわけで、僕の友達が言うように、きみたちに聞かせた話は、まったくのまがいものなのかもしれない。しかしながら、ソクラテスには、ここで描かれているようなところもあったと、僕には思えて仕方がないんだ。きみたちに聞いてもらったのも、そのせいだ。どうきみたちが判断するかを知りたいものだね。

後記

この対話篇を書くにあたっての最初の計画は、言語哲学のなかで「相対的真理」という概念を擁護しているひとたちの議論を検討してみようということであった。相対主義は、それこそプロタゴラスの昔から知られているが、最近の言語哲学のなかでのその擁護は、発話の真偽の決定について、発話の文脈とは区別される、相対主義的な要因が必要となる事例が多くあるということに基づいている。そうした例として頻繁に取り上げられるのが、「おいしい」とか「おいしくない」といった個人的嗜好に基づく判断である。相対的真理という概念の擁護として、私が参照したのは、Peter Lasersohn, "Context dependence, disagreement, and predicates of personal taste" *Linguistics and Philosophy* 28（2005）643-686、John MacFarlane, *Assessment Sensitivity: Relative Truth and Its Applications*（2014, Oxford University Press）、および、Manuel García-Carpintero and Max Kölbel (eds.), *Relative Truth*（2008, Oxford University Press）中のいくつかの論文である。

しかしながら、こうした議論で扱われている個人的嗜好の例は、あまりにも単純に過ぎて、ワインの嗜好のような事例に直接応用できるものでないことは、ほとんどすぐに明らかになった。

その結果、ここでなされている議論は、言語哲学よりもむしろ美学の領域に近づくことになった。私が明示的に意識していたのは、Bernard Williams の論文 "The Truth in relativism" (Williams の論文集 *Moral Luck* (1981, Cambridge University Press) に収録) における、倫理的相対主義の扱いであったが、書き終わって改めて読み直して気付いたのは、ヒュームの有名なエッセイ「趣味の基準について Of the Standard of Taste」(一七五七年) との共通点である。これは意図していなかっただけに意外であった。

「偽テアイテトス」の際に、高橋久一郎氏の手を煩わせたように、この対話篇についても、岡部勉氏と新島龍美氏に初稿を読んでいただいた。とくに新島氏は詳細なコメントを寄せてくださり、その多くは現在のものに生かされている。誤りが残っているならば、もちろん、それはすべて私の責任である。

ケベス——あるいはＡＩの臨界

対話人物

ソクラテス　死罪を宣告され毒杯を仰いで死んだ。

ケベス　テバイから来た若者、ソクラテスの死に立ち会った。

シミアス　ケベスと同様、テバイから来た若者、ソクラテスの死に立ち会った。

1　発端

ケベス　どうも、これ以上ふたりだけで議論をしていても、らちが明かない。ソクラテスが帰って来てから、いまの議論を聞いてもらおうよ。

シミアス　僕も同じことを言おうとしていたところだ。どれ、コーヒーでもいれて、ひと休みしよう。

（シミアスが、ふたり分のコーヒーをいれて、持って来る）

ケベス　（コーヒーをすすりながら）それにしても、じつに不思議なことが起こったものだ。こうしてもう一年になろうとしているが、僕にはまだ信じられそうにない。

シミアス　たしかに。ある朝めざめてみたら、まったく違う時代、まったく違う場所にいたというのだから、信じられない気持ちは僕も同じだ。だが、ケベス、きみが一緒だっただけでも素晴らしい幸運だと思うのに、ソクラテスとも一緒になれたというのは、何という幸運だろう。

ケベス　ソクラテスにふたたび会えたのは何と言ってもうれしいことだが、ソクラテスに会えたというそのこと自体が、僕たちのいまいるこの場所についての疑惑を生み出すのだ。何しろ、僕たちは、ソクラテスが毒を仰ぐのをこの目で見たのだからね。[*1] 以前とは別の時代、別の場所にわけのわからない仕方で運ばれて来たというよりは、やはり、僕たちはすでに死んでいて、ハデスにいるのではないだろうか。

シミアス それについてのソクラテスの説はきみも知っているはずだろう。もしもここがハデスであるのならば、自分よりもずっと以前に死んだ人々と出会うはずだと、ソクラテスは言うのだ。きみは、オルペウスとかホメロスとかヘシオドスとかに会ったかね。*2 もっとも、ここの連中は、ヘシオドスはともかく、オルペウスもホメロスも決して実在しなかったと言い張るのだが。あるいは、僕たちがその臨終を見届けた多くの人々については、どうだろう。ソクラテスを除けば、ここには、僕たちの知り合いだった者はだれひとりとしていないのだよ。

ケベス だが、ここには、とんでもない数の人々がいる。その数にくらべれば、僕たちの知り合いだった者の数など、大海のなかの一滴にしかすぎない。考えてみれば、ハデスに来れば、親兄弟にすぐ会えるなどというのは迷信だったのではないだろうか。

シミアス だが、ここでは、とうていひとなど住んでいそうにないようなところにも、アンテナというものが立っていて、その下には、テレビというものがあるのを、きみは忘れているよ。僕たちのことはともかく、いまやテレビの人気者になっているソクラテスを知らない者は、ここには、だれひとりとしていないように思われる。それにもかかわらず、ソクラテスのかつての知り合いから何か便りが来たかね。

ケベス それは認めざるをえない。そう言えば、ソクラテスはまだ帰ってこないのだろうか。

シミアス　きょうもまた、テレビ局で録画取りだそうだ。例の「私についてプラトンが語った嘘」というものだが。でも、もうそろそろ戻って来てもよい頃だろう。

ケベス　おや、車が止まったようだ。ソクラテスが出て来たよ。どうも、僕はまだ、TシャツとGパン姿のソクラテスというのには馴染めないね。

シミアス　僕には、あれで結構似合っていると思えるがね。少なくとも、ネクタイを締めているソクラテスよりはましだろう。

ケベス　それもそうだ。階段のところまで来たよ。ひどく派手なシャツだな。あのTシャツにはいったい何と書いてあるんだ。

シミアス　どれ。あのシャツには見覚えがあるぞ。あれはこのあいだ、ソクラテスがゲイの集会でもらったものだろう。

ケベス　ソクラテスは、たしかにゲイには人気があるからな。でも、フェミニストからは、さんざんだがね。

シミアス　さて、ソクラテスの分のコーヒーをいれてこよう。

ソクラテス　やあ、ケベスとシミアス、きょうは出かけなかったのかね。

ケベス　いいえ、ソクラテス、出かけましたとも。ぜひ聞くべきだとシミアスが言う講演を聞きに、大学まで出かけました。

ソクラテス　それで、その講演は何についてのもので、きみたちふたりは、それについてどう思ったのかね。

ケベス　少なくとも講演の題が何であったのかについては、ふたりとも一致しています。それは「心的性質を機械に帰属すること」[*3]という題でした。それ以外のことについては、シミアスと私とでは、意見が一致するということがまったくなく、そんなわけで、この午後は、議論でつぶれてしまいました。ふたりとも議論に疲れてひと休みしていたところに、ソクラテス、あなたが帰って来られたというわけです。

ソクラテス　「心的性質を機械に帰属すること」だって。いったい何という題だろうね。ああ、シミアス、かたじけない。テレビ局で飲まされるコーヒーといったら、まるで信じられない代物だからね。

（コーヒーをうまそうにすすりながら）

それで、シミアス、きみがその講演をぜひ聞くべきだとケベスに言ったのには、何か理由があったのだろう。

シミアス　ええ。ソクラテス、あなたもご存じのように、私たちがここで再会してからいろいろなことがありましたが、以前の私たちが行っていたことを続けることが何よりも大事だという点では、私たち三人はまったく一致していると思います。ケベス、そうだろう。

ケベス　ゼウスに誓って、シミアス、その通りだ。

シミアス　この激変した環境に置かれても私たちが続けるべきこととは、言うまでもなく、知を求めることです。私たちがいまいるここでは、かつての私たちが夢想もしなかった多くの事柄が実現していて、私たちにとっては毎日が驚異の連続と言ってもよいくらいですが、それでも、知を求めるというこの点に限っては、ここの人々が、ソクラテス、あなたよりもすぐれているとは思えません。でも、ソクラテス、あなたは、私たちに、ここで行われていることのなかで、知を求めることに関係のありそうなことならば、何ひとつ見逃さないようにとおっしゃいましたので、私たちはそのように注意を払ってきました。そして、きょうケベスと私が聞きに行った講演は、この点で注目すべきものと私には思えたのです。

ケベス　シミアスがきょうこの講演を聞きに行こうと私を誘ったのには、別の理由もあるのですよ。ソクラテス、あなたもご存じのように、シミアスは、コンピュータというものを見つけて以来、これに夢中なのです。

ソクラテス それはよく知っている。シミアスがコンピュータの大きな箱を抱えて戻って来てからの一カ月あまりというものは、大騒ぎだったものね。でも、シミアスが夢中になるのも、僕にはわかる気がする。僕は、いっさい、ものを書かないから、それほどありがたみを感じるわけではないが、あのワードプロセッサーなどというものは、きみたちには、じつに便利なものだろう。

ケベス シミアスによれば、このコンピュータというものは、ただ便利なだけではなくて、人間というものを理解するための最良の道具だということになるのです。

ソクラテス ふむ、それは知らなかった。しかし、この箱と言うのは失敬かな、まあ、ともかくコンピュータだが、それにそんな力があるというのは、どういうことなのだろう。

ケベス きょうの午後、シミアスと私とのあいだで議論になったことは、まさに、その点なのです。でも、まず、シミアスの言い分を聞いていただくのがよいと思います。

3 ギリシア式計算法とアラビア式計算法が比較される

シミアス　ケベスは、私がコンピュータに「夢中」だと言いますが、コンピュータに関して、私がもっとも感銘を受けたのは、いまこの部屋にあるような現実のコンピュータに可能なことにというよりは、むしろ、コンピュータというものの基礎にある原理と、それがもっている可能性になのです。ケベス、きみも覚えているように、この土地で目覚めてまもないうちは、この人々が「科学」と呼んでいるもののほとんどすべてが、私たちにはまったく理解できないもののように見えた。

ケベス　まったく、その通りだ。

シミアス　ソクラテス、しかし、ひとつだけ、私たちにも理解できそうに思えたものがあったのです。それは、数学でした。たしかに、ここの連中が「数学」という名前のもとでやっていることのなかには、無限の大きさを比べるなどという荒唐無稽なものもあります。[*4] それでも、私たちの知っていた幾何学は、「初等幾何学」という侮蔑的な名称のもとであれ、いちおうここでも知られていますし、さらに重要なことは、数学の全分野で、研究の方法として、私たちが知っていたのと同じ手続きが取られていることです。それは、証明ということです。この事実に力づけられて、私たちは、数学の本を手当り次第読んでみましたが、そこに私たちが見つけたことのなかには、なかなか素晴らしいものもあれば、意外なものもありました。とくに私に意外と思えたのは、私たちに馴染み深いものである証明という手続きそのものについての数学があることでした。しかも、そこで得られている結果は、さらに意外なものでした。証明という手続きが従うべき規則を細大漏らさず書き出すことができるだけでなく、こうした規則を適用する際に、証明に現れる記号の意味というものをいっさい考えに入れる必要がないというのです。つまり、証明というのは、結局のところ、ある決まった規則に従って記号を操作することに尽きるというのです。

ケベス　ここで知られている数学の全体を、こうした「記号のゲーム」に直したものがあるとシミアスが聞きつけてきたときのことといったら。シミアスが大学の図書館へそれを探しに行くというので、私もついて行きました。図書館のなかをふたりで、さんざんさまよったあげく、結局、私は、書庫のなかでほこりをかぶっていた大きな本を三冊も運ばされたのですよ。[*5]

シミアス　これは、少なからず期待はずれでした。私が聞いたことは正確ではなかったのです。数学の全体をただひとつの「記号のゲーム」として一挙に表現することは不可能であることが、だいぶ前から知られていたのです。

ソクラテス　シミアス、きみがいま教えてくれたことは、どれもじつに興味深いことばかりだが、僕には、まだ、それがコンピュータとどう関係するのか、わかりかねるが。

シミアス　これから、その点に触れようと思っていたところです。でも、その前にひとつだけ、私たちがここではじめて知った数々の新しいことのなかでもとりわけ素晴らしい発明だと私が感銘を受けたもののことについて言わせてください。それは、数を表すのにここの人々が使っている記号のことです。

ソクラテス　それには、僕も、感心せざるをえない。とくに、ごく幼い子供までが、いとも簡単に数を足したり引いたりするのを見てはね。なかには、数どうしを掛けたり割ったりといったことさえ難なくできる者がいるのだから。

シミアス　ソクラテス、あなたも気付いておられるように、そうしたことが難なくできるのは、ここの人々が数を表すために用いる記号のせいなのです。足し算や引き算はもちろんのこと、掛け算や割り算までが、記号を扱うごく少数の規則を覚えるだけでできるようになるのです。しかも、そうした規則というのは、いったんそれを用いることに慣れてしまえば、それを適用する際にいちいちどうしようかと考えたりする必要がないものなのです。

ケベス　たしかに、「計算」とここの人々が呼ぶのと同じことを行うために、かつての私たちが払った努力のことを考えると、憂鬱にもなりますよ。たとえば、ここの人々は、「20＋50」であろうが、「200＋500」であろうが、ただ、「2＋5」ということさえ覚えていればできるのですから。それにひきかえ、私たちのやり方といったら、β（2）にε（5）を足すとζ（7）、ϰ（20）にν（50）を足せばο（70）、σ（200）にφ（500）を足せばψ（700）といった具合いでしたからね。[*6]

シミアス　このことは、ごく少数の単純な規則に従いさえすれば正しい結果が出て来るように記号の体系を作るということがどれだけ重要であるかを示しているように思われます。計算というのは、ひとつひとつの数のもつ性質をいちいち考えなければできないものではなく、むしろその反対に、まちがいを犯さないためには、個々の数がどうあるかは考慮せずに、ただ記号を操作することだけに専念すべきものなのです。そして、じつは、数の計算についてと同様なことが、それよりはるかに難しいと思われる証明ということについても言えそうだというのが、話のはじめなのです。

ソクラテス　悪いけれども、シミアス、きみの話は抽象的——関係ないが、「抽象的」というのはとても便利な言葉だね、どうも癖になりそうで心配だ——に過ぎて、僕にはまだよく飲み込めないのだが。たしかに、「コンピュータ」というのは、「計算する機械」という意味なのだろうから、計算と何か関係があるのだろうとは思うけれどもね。

シミアス　どうも済みません。何か例を挙げた方がよさそうですね。たとえば、「23に45を掛けたらいくつになるか」といった問題を考えてみましょう。ここの人々のやり方は、きっと何か次のような走り書きをすることでしょう。

		2	3
		4	5
		(1)	
	1	0	5
	(1)		
	8	2	
(1)			
	0	3	5
1	0	3	5

ケベス　これが、ここの人々のやり方だって。僕はそう思わないね。シミアス、きみは、大事なことを忘れているよ。こうした問題をそのへんにいるひとに出してみたまえ。賭けてもいいが、きみの相手は、日本製の小さなカードをポケットから出して、それに聞くよ。

シミアス　まぜっかえしはなしだよ、ケベス。僕の言いたいことが何かわかっているくせに。

ソクラテス　この哀れなソクラテスはどうなるのかね。僕は、まだシミアスが何を言いたいのか、かいもく見当もつかないのだよ。

ケベス　これは失礼、ソクラテス。シミアスが言いたいのは、次のようなことだと思います。私たちのかつてのやり方では、ある程度大きな数どうしを掛け合わせるということは、簡単なことではなく、問題になっている数がどういった性質をもっているかについてじっくり考えてからでないとできないものでした。たとえば、$\varkappa(20)$ に $\lambda(30)$ を掛け合わせるためには、$\varkappa$

がβ（2）の10倍の数であり、λがγ（3）の10倍の数であることを思い出さなくてはできなかったのです。ところが、シミアスが挙げた例からわかることは、どんな大きな数のあいだの掛け算であっても、その結果を得るためには、10より小さい数どうしの足し算と掛け算さえ知っていればよいということです。

シミアス　知っていなければならないもうひとつ大事なことは、求める結果を得るためには、そうした小さい数どうしの足し算や掛け算の結果をどのように組み合わせればよいかについての規則です。私の挙げた例では、四回の掛け算と三回の足し算を組み合わせて求める結果を得ています。こうした計算に関しては、次のふたつのことが注目に値すると思います。第一に、複雑な計算、つまり、10より大きな数を含む計算は、より単純な計算に分解され、その際の分解の手順はある決まった規則に従うということです。じつは、このことは、私たちがかつて用いていた数の表し方にも備わっていたことです。したがって、より重要なことは、第二のこと、すなわち、こうした分解の手順を決める規則も、また、単純な計算自体も、数を表すためにこの人々が使っている記号法そのものに備わっているように見えるということです。

ケベス　シミアス、どうも、きみの話は、まわりくどくていけない。要するに、きみの言いたいのは、計算というものが、数に対して行われるものであるにもかかわらず、数のことをまったく考えなくとも、数を表す記号を操作するだけでできるということなのだろう。

シミアス　ありがとう、ケベス。その通りだ。ソクラテス、さっきケベスが挙げた例で言いますと、「20」という数の表し方が、私たちの「κ」という表し方よりも決定的にすぐれている点は、「20」という記号と「2」という記号とのあいだの関係が、「20」が表す数と「2」が表す数とのあいだの関係を表しているということにあるのです。ところが、「κ」と「β」という記号だけからは、前者が後者の10倍の数を表していることを知るために、いちいち記号の意味に戻って考えなければならないのです。

4　シミアスが思考を計算になぞらえる

ソクラテス　シミアス、きみはいま、興味深くもあり、また、たいへん大事なことを言ったような気がする。だが、僕にまだよくわからないことが、ひとつあるのだ。数を表すための、かつての僕たちのやり方では、計算をするたびごとに考えなければならなかったのに対して、この人々のやり方では、別に考えることをしなくとも計算ができるというのが、きみの言いたいことなのだろうか。

シミアス　ええ、ソクラテス、そう言ってよいと思います。

ソクラテス　そうすると、僕たちギリシア人が計算をする場合には考えることにもなるのだが、ここの人々が計算をするときには考えてはいないことになるのかね。

ケベス　私もその点をシミアスに聞きたいのです。ここで用いられている数の表し方が、かつての私たちのやり方よりも数段とすぐれていることは、もちろん私も認めます。しかし、ふたつのやり方のあいだの違いは、単なる程度の差としか、私には思えないのです。さっきシミアスも認めたように、私たちの計算法もまた、はっきりとした規則によって決められているのではありませんか。違いがあるとすれば、それは、計算をするために、かつての私たちが覚えなければならなかった規則の数が、ここでのやり方を身につけるために覚えなければならない規則の数よりも多いということだけではないのでしょうか。先ほど、私は、数を表すためにここの人々が用いている記号法を称賛しましたが、いま一度考えてみると、ここの記号法が大きな長所をもっていることはたしかなことであるにしても、数を表すということだけに限らず、計算をするということに関しても、じつは、私たちのかつての記号法と本質的な違いはないように思えます。たとえば、κ（20）がβ（2）の10倍の数であることを私たちは、いちいち覚えていなければならなかったにせよ、私たちが覚えているかどうかとは別に、そのことについては、はっきりとした規則があったのではありませんか。そして、そのことは、足し算についても、掛け算についても、まったく同様と思われます。

ソクラテス　そう言えば、先ほどケベスは、計算の答えを教えてくれる小さなカードのことを言っていたよね。あれは、何と呼ぶのだったかな。

シミアス　「電卓」でしょう。

ソクラテス　そうそう。シミアス、きみに聞きたいのだが、ここの人々が使っている数字ではなく、僕たちが昔使っていた数字で答えを出してくれるような電卓を作ることはできないのかね。

シミアス　もちろんできますとも。実際、私は、そうしたプログラムを書きましたよ。ちょっとお見せしましょうか。

（コンピュータの端末に向かって）

さて、どのディレクトリ[*7]に入れておいたのだったっけ。あ、これです。先ほどの「23×45」という計算をやらせてみましょう。「κγ＊με」と入れますよ。ほれ、この通りです。

ケベス　ちょっと、プログラムを見せてほしいな。あれ、これはずるいよ。ギリシア数字とアラビア数字のあいだの翻訳をしているだけじゃないか。

シミアス　それを言うならば、アラビア数字で問いを出して答えをもらうときだって同じことですよ。僕が自分で書くプログラムのレベルでは、0から9という10個の数字を使って数を表すけれども、もっと基礎的なレベルでは0と1という2個の数字だけで数を表さなければならないので、どこかで10進法で書かれたアラビア数字と2進法で書かれたアラビア数字とのあいだの翻訳をしているはずですよ。

ソクラテス　ただふたつの文字だけですべての数を表すことができるというのは、僕も、こちらに来てから、どこかで聞いた気がする。きみたちの尊敬するピュタゴラスがそのことを知ったらどんなに喜ぶかと思った覚えがある。*8 すべての数をただふたつの文字だけで表すとすると、そのときには、覚えなければならない規則の数はさらに少なくなるのだろうね。

シミアス　ええ、その通りです。たとえば、足し算に関しては、

0＋0＝0
0＋1＝1
1＋0＝1
1＋1＝10

の四つの規則さえ覚えればよいのです。ただし、ひとつひとつの数を表す記号は、少し長くなりますけれどもね。たとえば、23は、

と書かれることになります。

ソクラテス　しかし、数を表すのにふたつだけの文字を使おうが、かつての僕たちのように、アルファベットだけでは足りなくて、それより多くの文字を使おうが[*9]、先ほどケベスが言ったように、計算ということには変わりがないのではないかね。

ケベス　私もそう思います。問いと答えだけがギリシア数字で表されて、あいだの計算は、この人々のやり方に従うというだけでなく、計算法自体もかつての私たちのやり方に従うようにプログラムを書くことができるはずだと、私はシミアスに言いたいのです。

シミアス　たしかに、ケベス、きみの指摘は正しい。そういうプログラムは書けるはずだよ。

ケベス　そうすると、違いは、計算のために必要な規則が多いか少ないか複雑か単純かということだけになって、シミアス、きみが言うような大きな違いはどこにもないということにならないだろうか。

シミアス　ソクラテス、いまケベスは、まさに私がこれまでずっと言おうとしていたことを代わりに言ってくれたのです。

ケベス　シミアスのいまの言葉はいったい……

ソクラテス　まあ、シミアスに説明させようじゃないか。さあ、シミアス、きみは一方で、昔ながらのギリシア風の計算法とここの人々の計算法のあいだには規則の数および複雑さといった程度の差しかないと認めながら、他方で、前者に従って計算することは考えることを必要とするのに、後者に従って計算することは考えるということを必要としないと言う。ケベスは、このふたつのことを同時に認めるのはおかしいと言いたいのだろう。

シミアス　ソクラテス、あなたは私の立場を見事に要約してくださいました。あなたのおかげで、そこからどのような結論が出て来るかは、じつは、明らかなはずです。ギリシア数字を使って計算をするときに、なぜ考えることが必要になるのでしょう。それは、そのときに必要となる計算の規則の数が多いこと、そして、ひとつひとつの規則が複雑なこと、というふたつのことのためです。規則の数が多いために、使うべき規則を思い出すのに手間がかかりますし、規則が複雑ならば、それをどのように使うのが正しいのかを考えなければなりません。他方、規則の数が少なくて、ひとつひとつの規則が単純なものであれば、何も考えずに規則を用いることができるのです。

ソクラテス　さて、シミアス、きみの言ったことを僕が正しく理解したかどうか試させてもらってもよいだろうか。

シミアス　もちろんです。

ソクラテス　ひとは、考えながら計算することもあれば、何も考えずに計算することもあるということを、きみは認めるのだね。

シミアス　認めます。

ソクラテス　そして、どちらの場合でも、計算は、何かある決まった規則に従ってなされるものなのだね。

シミアス　ええ、その通りです。

ソクラテス　そうすると、考えながら規則に従う場合と、何も考えずに規則に従う場合とがあることになる。

シミアス　ええ、そうなります。

ソクラテス　その違いは、どのような規則が問題となっているかによって決まると、きみは考えるのだろうか。

シミアス　いいえ。そうは思いません。たとえば、計算の仕方を覚えたばかりの子供ならば、いちいち考えながらでないと足し算もできないでしょうが、計算に慣れている大人ならば、複雑な計算であっても、何も考えずに答えを出してしまうでしょう。

ソクラテス　しかし、シミアス、きみは、計算のための規則が多数であるか、それとも少数であるか、また、複雑か、それとも単純かによって、計算が、考えることを必要とするか、それとも必要としないか決まると言ったのではないだろうか。

シミアス　ソクラテス、あなたが疑問に思われるのももっともです。でも、私は、そこに矛盾があるとは思いません。考えることを必要としない場合でも、考えるということが生じてしまう場合はあるのですから。たとえば、ここのやり方では、九九とあといくつかの規則を覚えていれば、いちいち考えることなしに掛け算はできます。その意味で、こうした規則に従う掛け算は、考えることを必要としません。しかし、計算を習いたての子供の例からもわかるように、実際になされる掛け算のすべてがそのようになされるとは限りません。

ケベス　しかし、そうすると、シミアス、きみの言いたいことは、どういうことになりますか。かつてのわれわれのような仕方で計算する場合だって、すべての規則を全部完璧に覚えていれば、何も考えずに答えを出せるはずじゃないですか。

シミアス　原理的にはそうだということは、私も認めますよ。でも、実際にそんな人間はいないと、私は自信をもって言い切れます。たとえば、さっき、ギリシア式の計算法で計算をするプログラムを書けるかという話が出ましたが、そうしたプログラムはとても複雑なものになると思います。ともかく、すべての規則を書き出すだけでも大変なことだと思われますもの。それに対して、ここの人々の計算法に従ってプログラムを書くのは、比較的簡単なことです。つまり、計算するということは、それをより細かく見れば、考えることをまったく必要としないような単純な規則に従うことに行き着くのです。そして、このことは、かつてのわれわれの計算法しか知らないままだったならば、せいぜい漠然と予想できるぐらいでしかなかったのに対して、ここで用いられている計算法によればほとんど自明なのです。あまりにも大胆かもしれませんが、私は、さらに次のように言いたいと思います。「考える」ということは、そのもっとも底まで降りて行けば、結局は、こうしたひどく単純な規則に従うことから成り立っているのではないでしょうか。さらに言えば、「考える」ということは、計算するということとまったく同じように、それをより細かく分解して行くならば、考えることをまったく必要としないような単純なステップに行き着くと思われるのです。

ケベス　しかし、計算の例だけから、そんな一般的なことが言えるのだろうか。

シミアス　ありがとう、ケベス、よくぞ聞いてくれた。ソクラテス、ケベスのいまの問いに答える用意は十分あるのです。私たちは、先ほど証明のことについて話していましたよね。その話が、まさに、ケベスの問いに答える手がかりとなるのです。また、ケベスは先ほどから、記号法の便利・不便利はなんら本質的な違いをもたらすものではないと主張していますが、こうした考え方が重要な点を見落としていることも、おいおい明らかになると思います。

5　証明が記号の操作に還元されることをソクラテスは学ぶ

シミアス　証明ということに関して、私がこの土地の数学者から学んだことは、ほぼ次のようなものです。私たちのかつての知り合いだった幾何学者たちは、その仕事をたいへん立派に果たしたようです。かれら自身が立派な仕事を残しただけでなく、師を凌駕するような立派な弟子をも育てたのですから。こうした弟子たちは、さらに自分でも弟子を育て、そうした何代かにわたる幾何学者たちの仕事は、『原論』と呼ばれる書物にまとめられました。[*10] この書物は私も見てみましたが、そのときの感激となつかしさは忘れられません。一瞬、私は、かつての友人が語りかけてくるかのような錯覚を覚えました。ともあれ、この書物は、証明というものがかくあるべきという模範を示すものと、つい最近まで考えられてきたのです。この書物の最初には、そのなかで提示されるすべての証明の出発点となるべき定義と原理がはっきりと述べられています。そこから順番に導かれる定理のなかには、私たちがすでに友人たちから聞いていたものもあれば、かれらにもおそらくまだ発見できないでいたと思われるものもあります。

ソクラテス　僕は、いま、ふとテアイテトスのことを思い出したよ。その書物を一目でも見ることができたならば、どれだけ喜んだことだろう。もちろん、テアイテトスだけではない。僕たちの知り合いだった幾何学者たちは、みんなそうだろう。

シミアス ところが、私たちのいまいる時代からほぼ百年ぐらい前に、証明の厳密さということが、一部の数学者のあいだであらためて問題になったのです。そのきっかけは、必ずしも、幾何学だけではなかったのですが、これまで厳密な証明の模範と考えられていた『原論』でさえ、十分には厳密でないという意見が出て来たのです。『原論』のなかの証明のあるものは、この書物のどこにも述べられていないような原理を勝手に使っているというのです。こうした無断で用いられた原理というのは、じつは、一見したところまったく明らかなのでわざわざ述べるまでもないと思われたのかもしれませんが、「等しいものに等しいものを加えた結果は等しい」といった原理までが最初にきちんと述べられているのですから、そうした弁解は通用しません。さらに重要なことは、そこでの証明がどのような規則に従うものなのかがまったく述べられていないことです。でも、これは『原論』だけの罪ではなく、それ以後の数学でも、こうしたことはほとんどと言ってよいほど問題にされてこなかったのです。『原論』の証明のあるものが、最初に述べられていない原理を無断で用いていることが長いこと気付かれなかったのも、証明というものが正確な仕方で特徴づけられていなかったからです。したがって、証明というものが一般にどのような規則に従うのかが探究されることになりました。ここで決定的な役割を果たしたのは、フレーゲという数学者でした。

ケベス 「フレーゲ」という名前は、最近、どこかで聞いた覚えがありますよ。ああ、そうか。

このあいだ、ここの大学の哲学者のひとりと話していたときにその名前が出たんだっけ。何か、フレーゲについての大きな本があるのだけれども、じつに大部の本なのに、索引が半頁しかないのでへきえきしているという話でした。[*11]

シミアス　残念ながら僕はまだその本を読んでいないけれども、評判は聞いていますよ。あれ、何の話をしようとしていたのでしたっけ。

ケベス　余計なことを言ってごめんなさい。証明が従う規則とは何かという話でしたよね。

ソクラテス　そう、その話だった。そして、さらにさかのぼれば、もともとは、証明の厳密さという話だったと思う。シミアス、ここで、僕はひとつ聞きたいことがあるのだが。

シミアス　もちろん。どうぞお願いします。

ソクラテス　僕にまだ腑に落ちないのは、証明が厳密であるということと、証明が従う規則ということとの関係なのだが。あるいは、次のように聞いた方がよいかもしれない。つまり、「証明の厳密さ」ということで、きみは何を意味しているのだろうか。ある証明に関して、それが正しいにもかかわらず、厳密ではないということがありうると、きみは考えているのだろう。

シミアス　証明というのは、いくつかの段階を追ってなされるものですよね。そうした段階のひとつひとつに飛躍がないということが、証明が厳密であるということではないでしょうか。

ソクラテス　では、証明のある段階から別の段階のあいだに飛躍があるかないかは、どうやって決まるのかね。飛躍があるかないかは、正しいかどうかとは別のことだと、きみは認めるのだろうからね。

シミアス　そこで、証明の規則というものが必要になってくるのです。

ソクラテス　しかし、シミアス、規則というものを立てただけで、どうして証明が「厳密」になると言えるのだろうか。結局のところ、正しい証明を作るためには、「前提から正しく帰結する結論だけを引き出せ」という規則だけで十分ではないのかね。規則に従う証明が厳密な証明だと言うのならば、正しい証明はすべて厳密な証明でもあるということにならないだろうか。

シミアス　なるほど。でも、ソクラテス、私の話をもう少し聞いてください。「前提から正しく帰結する結論だけを引き出せ」という規則は、たしかに証明の規則として何ら文句をつける筋合いのものではありません。しかし、このような規則が、どのような場合に結論が前提から正しく帰結するのかについて、何の指示も与えてくれないことは、明らかではありませんか。つまり、この規則は、「正しい証明を行え」と言っているだけのことですから、それを適用できるためには、先に、正しい証明とは何であるかを知っていなくてはなりません。それは、ちょうど、計算の規則として、「正しい答えを出せ」という規則しか与えられていないのと同じです。フレーゲのような数学者たちが求めた証明の規則とは、どのような場合に結論が前提から正しく帰結するかについての知識を前もってもっていなくとも、その規則に従うことができて、しかも、そうすることの結果として正しい証明が生み出されるような規則だったのです。

ソクラテス　ふむ、話がだいぶ面白くなってきた。そんな規則が本当に見つかったのかね。

シミアス　証明というものは、いくら短かいものでも、ただ言われただけではなかなか理解できないというのはたしかです。したがって、証明は、しばしば、砂のうえ、石板のうえ、黒板のうえ、あるいは、紙のうえといった具合いに、言うそばからなくなったりしないような仕方で示される必要があります。このようにして書かれた証明を見ればいちばんはっきりすることは、結局のところ、証明というものが一連の記号から成っているということです。もしも、数学のある分野で行われるような証明を全部そのなかで書き出すことができるような記号の体系があれば、それをその数学のための言語と呼んでもおかしくないでしょう。そして、このような言語をひとつ決めておけば、証明というものは、その言語に属する記号のある並びが順番に出て来るものと見なすことができます。どのような仕方で記号が並んでいるのかを調べるだけで、それが正しい証明になっているかどうかを見分けることができたとしたら、どうでしょうか。

ソクラテス　そのとき、何を、記号について知っている必要があるのかね。

シミアス　そこが、このアイデアの素晴らしいところなのですが、「ほとんど何も知っている必要はない」というのが答えなのです。要するに、「α」と「α」は同じ記号だけれども、「α」と「β」とは異なる記号だといったたぐいのことさえ知っていればよいのです。とりわけ、ひとつひとつの記号が何を意味しているかを知っている必要はないのです。つまり、もっとも厳密な証明というものは、それが正しい証明であることを知るために、記号についてのこうした最低限の知識で足りるような証明のことなのです。そして、いったん数学のある分野が記号の集まりに直されてしまえば、そこでの証明を生み出すための規則を、記号に言及するだけで述べることができます。ということは、こうした規則に従って、記号を操作するだけで、正しい証明をいくらでも作り出すことができるわけです。こうした規則には、ふたつの大きな特徴があります。ひとつは、先にも述べましたように、こうした規則を適用するために、記号の外形以外のこと、とりわけ、記号の意味、について考える必要がないことです。もうひとつは、とくにこれといった命題の証明が求められているのではなく、正しい証明を作り出すだけのことならば、そのための手順はまったく決まりきったものにすることができるということです。このふたつの特徴は、数字による計算の場合とまったく同じです。その場合にも、正しい計算をするためには、各々の数字がどの数を表すかをいちいち考える必要はありませんでしたし、また、計算の手順はまったく決まりきったものでした。

ソクラテス　なるほど、シミアス、きみが「記号のゲーム」と言っていたのは、そのことなのか。しかし、僕の聞きまちがいだったのだろうか。そう言ったとき、きみはまた、数学の全体を「記号のゲーム」に直すことは不可能であることが以前から知られていたとも言わなかっただろうか。

シミアス ああ、そのことですか。それについてはまた後で考えなければならなくなるかもしれませんが、いまのところは、私の言いたいことに、たいして影響を与えないはずです。たとえば、私たちのよく知っている幾何学を取りましょう。幾何学というのは、図形について正しい事柄のすべて、つまり、幾何学的真理の全体をつくすものですよね。証明というのは、この幾何学的真理の全体をつかまえるような網をかぶせることだとでも言えましょう。網の比喩をもう少し使わせてもらえば、この網は、いくつかの定義と原理といったものを中心にして、そこから広がっているものです。証明というものが正確に何であるかがわかったことの結果のひとつは、こうした幾何学的真理の全体をおおうような網は存在しないということだったのです[*12]。これが真実であるということは、もちろん、まったく驚くべきことですが、証明を「記号のゲーム」として解釈できるということには、何の影響も与えません。可能な証明のすべてをそのなかで遂行できるような体系は存在しないとしても、どのような証明もある原理から出発してなされるしかないのですから、そうした原理と証明の規則を書き出すことができなければ、そもそも「証明」とは言えないはずです。

6　思考は計算であるとシミアスは宣言する

ケベス　シミアスのいま言ったことは、すでに出来上がった証明についてならば正しいかもしれません。たしかに、だれかが持ち込んできた証明に関して、それが正しい証明であるかどうかを調べるためならば、証明を記号のゲームとみなすことも役に立つのかもしれないと思います。でも、いまから新しく証明を作ろうとして、あれこれ考えているひとがしていることが、記号のゲームにすぎないなどと、本当に言えるものでしょうか。

ソクラテス　僕も同感だ。たとえば、幾何学者が何かを証明しようとしているとき、かれが考えているのは、図形のことであって、意味をもたない記号のことではあるまい。

シミアス　おふたりとも、おっしゃりたいことは、よくわかります。しかし、次のことをよく考えてみてくださいませんか。幾何学の本を読みながら、この証明は正しいかどうかと考えているときにも、そこで何について考えているのかと聞かれたら、「図形についてだ」と答えたくなりませんか。

ケベス　もちろん、その通りですよ。だからこそ、証明は記号のゲームなどではないということとになるのではないですか。シミアス、きみはなぜ、そんな自分に不利な例を持ち出すのだろう。

シミアス　いいえ、ケベス。これが私にとって不利な例であるなどとは、ぜんぜん考えていませんよ。証明が正しいかどうかを判定するために、その証明が何についてのものであるかわかっていなければならないというのが、じつは錯覚だったということが、先ほどの話から出て来る結論ではありませんか。何かが正しい証明であるかどうかは、その証明が何を扱っているのかをまったく考慮しなくとも、ただ記号の列として見られた限りでそれがどのような性質をもっているかさえわかれば判定できると言うのですから。それは、ちょうど、私たちのかつてのやり方で計算をしている限り、計算というものは、そこに現れる数の性質をいちいち考えなければできないと思い続けていたのが、ここでのやり方を知って、それが錯覚だったと気付くのと同じです。数の計算にしても、何かが正しい証明であるかどうかの判定にしても、それを可能としている手順を細かくして行けば行くほど、考えるということで私たちが思っていることの役割は小さくなって行くのです。ひとのやった証明を追いかけているときでも、自分で証明を考えているときでも、自分がやっていることは決して記号のゲームなどではないという「感じ」がつきまとっているかもしれません。しかし、前者の場合に、その「感じ」が結局は錯覚だとすると、後者の場合でも同じことが言えるのではありませんか。

ケベス　しかし、私だって、「記号のゲーム」として書かれた数学の証明を見たことがありますが、そこで証明の規則とされているものは、新しい証明を考えようとしているひとがそれに従って進むための規則であるとは決して思えませんでしたが。

シミアス　それは、ケベス、まったくきみの言うとおりですよ。証明の出発点となるべきいくつかの原理が与えられていて、さらに、課題として証明すべき定理が与えられたとします。このとき、証明の規則というものは、そうした原理から定理を証明するための道筋を教えてくれるわけではないのですから。

ソクラテス　シミアス、では、何かい。証明を書くときの規則とは別に、新しく証明を作ろうとしているときには、そのためのまた別の規則があるというのかね。

シミアス　ええ、ソクラテス、その通りです。ただし、こちらの方の規則が正確に何であるかは、まだはっきりと述べられたことはないのですが。ともかく、新しい証明を発見するための規則は、これまで私が「証明の規則」と呼んできたものとまったく無関係ではないのです。証明を発見しようとしているとき、私たちはどんなことをするでしょうか。証明の出発点として取れるものがこれこれであり、証明の規則として使えるものがこれこれであり、これこれのことを証明しなければならないと、まず考えますよね。証明ということに慣れているひとならば、次のようにするでしょう。すなわち、出発点となる原理からではなく、むしろ逆に、証明されるべき結論から考え出すことです。「証明すべきものはAだけれども、もしもBが証明できたら、手持ちの証明規則でAは証明できる。ところで、Bは、Cが証明できたら同様に証明できる……」といった具合いにです。

ケベス　たしかに、こういったやり方はよく使ったものです。そうして、めでたく原理までさかのぼることができたならば、今度は逆に原理から順番に証明を書いて行くわけですよね。ひとのやった証明がわかりにくいのは、実際にそうした手順で証明を見つけたくせに、そのことに一切触れていないからだと、私はいつも思っていました。

シミアス　ケベス、きみはいま「手順」という言葉を使いましたよね。まさしく、ここでは、証明を発見するための手順が問題なのです。こうした発見法のことを、ここのひとたちは「ヒューリスティック」と呼ぶのですよ。

ソクラテス　何と。それは、ひょっとして、われわれの言葉ではないか。

ケベス　そうかもしれませんね。しかし、ここの連中は、われわれの言葉をひどい仕方で発音するものだから、本当にそうなのかどうかは、保証の限りでないような気もしますが。[*13]

シミアス　それはともかく、大事なことは、証明を発見するためにも、われわれは何らかの手順に従っているということです。この手順は、できあがった証明が提示される際に従われる規則とは違って、どういうものであるかが、まだ正確にはわかっていないと言うか、まだだれも全部を示してはいないのですが、それでも、そのうちにそのすべてを明瞭な仕方で書き出すことができるに違いないと、一部のひとたちは考えているのです。実際、すでにかなり前に、いくつかの幾何学の定理の証明を発見できるだけの手順を示した人々がいるのです。[*14]

ソクラテス　それは知らなかった。では、ここの幾何学者たちは、そうした手順に従うだけで、これまで知られていなかった興味深い定理をいくらでも証明できるのだろうね。

シミアス　いいえ、ソクラテス。残念ながら、そうではありません。なにしろ、優秀な幾何学者が定理を発見するために用いる方法というのは、じつにさまざまであるだけでなく、ひとつひとつがなかなかに複雑でもあるので、それを細大もらさず書き上げるということは、まだまだずっと先の話なのです。

ケベス　シミアスは、そうしたことがいまはできていないけれども、そのうちにできるようになるはずだと言いたいのだと思いますよ。しかし、そんなことが可能だとは、少なくとも私は思いませんが。

シミアス　私は、何も、そうしたことが可能でなければならないと言っているわけではないのです。数の計算の場合と、いったん見いだされた証明を提示する場合とを、もう一度思い出してください。このどちらの場合にも、はじめは信じがたいと思われたことが事実だったのですよ。つまり、こうしたことを行うためのひとつひとつのステップごとに、考えるということがぜひとも必要だと思われていたのに、じつは、もっと細かく見るならば、もはや考えるということを必要としないステップにまで分解できることがわかったのです。このことは、思考ということについての新しい見方を約束しているように見えませんか。思考というものは、思考を必要としないような単純なステップから成り立っていると考えてみたらどうでしょう。こうした単純なステップがどのようなものであり、どのように組み合わされているのかを調べることによって、私たちは、思考の仕組みを明らかにできるのではないでしょうか。もちろん、思考についてのこの見方は、あくまでも、仮説的なものです。かつての私たちならば、こうした仮説を思い付いただけで満足していたかもしれません。しかし、いまや、この時代には、この仮説が正しいかどうかを具体的に試す手段があるのです。つまり、コンピュータです。

ソクラテス　ふぅー。ようやく、コンピュータの話までたどり着いたわけだね。

シミアス　ソクラテス、どうも手間取ってしまって、申し訳ありません。

ソクラテス　いや、それはいいが。で、シミアス、きみの仮説をコンピュータで試すというのは、どのようにしてやるのだね。

シミアス　思考を、もはや思考を必要としないような単純なステップに分解するというアイデアは、もともと、記号の操作として思考を捉えることができるというところから来たものです。ところで、記号の操作ということの典型的なものとしては、数字を使った計算があります。数字をさまざまな決まった仕方であやつるために作られた機械が、コンピュータだったのです。

ソクラテス　機械というものは、ここの人々の想像力をいたく刺激するものらしい。ひとがすることなら何でも、それをする機械ができないかと考えるのが、ここの人々の第二の天性となっているようだと思わないかね。この家の台所を見てみたまえ。肉を切る機械があるかと思えば、パンを焼く機械があり、さらには、皿を洗う機械まである。

シミアス　ところで、ソクラテス、「機械」と呼ばれるものに共通なこととは何でしょうか。

ソクラテス　シミアス、きみは、僕のせりふを取るつもりかい。[*15] そうした事柄について僕が何かを知っているなどと本気で思うのかね。いや、それは駄目だよ。きみの出した問いに対しては、シミアス、きみが自身で答えるしかない。

シミアス　いや、やめておきましょう。いずれにせよ、コンピュータは「機械」と呼ばれはしますが、ほかの機械とはずいぶん違うところもありますから。ただ、ひとつ大事なことは、一般に機械というものが、あらかじめ決められた手順に従って、一連の仕事を自動的に実行してくれるものだということです。コンピュータについても同じです。そのもっとも初期のものは、数の計算についての決められた手順に従って、計算を自動的に実行してくれるものでした。同じようなことを何度も何度も繰り返しやらなくてはならない仕事が問題になると、ここでは必ず機械が出て来ることを私たちは知っています。このことは、計算の場合にまったくぴったり当てはまります。大きな数がたくさん出て来る長い計算をするときには、同じような計算を何度も何度も繰り返さなければならないのですから、そのために機械を作ろうというのは、ここの人々にとっては自然な考えだったのでしょう。

ソクラテス　しかし、数を計算するだけでは、そうした機械に大騒ぎする必要はまったくないように僕には思われるがね。

シミアス　ええ、そうなのですが、ここで素晴らしいアイデアを思い付いた人々がいるのです。それは、聞いてみると、ごく簡単なことのように思えるのですが、じつに大きな意味をもっているアイデアなのです。ソクラテス、あなたがかつてどこかでおっしゃっていたと記憶していますが、[*16]私たちの言葉はある決まった数の要素、つまり、字母から成っていますよね。私たちはそのひとつひとつを「アルファ」とか「ベータ」とか呼んでいます。いま、こうした要素に関して、「アルファ」と呼ぶ代わりに「2」と呼び、「ベータ」と呼ぶ代わりに「3」と呼ぶといった具合いに、その呼び名を変えることは造作なくできるはずです。ひとつひとつの単語は、字母を並べることによってできています。そうすると、ひとつの単語に対して、それを構成している字母を表す数からある仕方で計算される数を対応させることができます。さらにその先どのように進むかはおわかりでしょう。単語を並べることによって文ができ、文を並べることによって文章ができるのですから、文に対しても、文章に対しても、ある数が対応づけられることになります。

ソクラテス　言葉という神々からの最上の賜のひとつも結局は数に帰着するというのかね。万物は数からできているとピュタゴラスが言ったと伝えられていることの意味は、これだったのだろうか。シミアス、きみはまさかいまのことをピロラオスから習ったのではあるまいね。[*17]

シミアス　いいえ、残念ながら。でも、この話はまだ終わっていないのです。どのような言葉、どのような文に対しても、ある数を対応させることができるならば、文と文とのあいだに成り立つ関係は、数と数のあいだの関係として表現できることになります。たとえば、文Aから文Bが証明できるということは、Aを表す数とBを表す数とのあいだに、ある関係が成り立っているということで表現できます。そして、こうした関係が成り立っているかどうかを確かめるためには、数のあいだの計算を行えばよいのです。ところで、数の計算とは何だったでしょうか。それは、数字という記号をある決まった手順に従って操作することでした。さて、数字はいくつあれば足りるでしょうか。先ほど話に出て来た2進法のことを思い出していただければおわかりのように、「0」と「1」のふたつの記号さえあればすべての数を表すのに十分です。つまり、どのような記号も、数字によって代用することができ、しかも、数字として必要な記号は、たったのふたつだけなのです。

ソクラテス　それでは、およそ言葉で表現できることはすべて、「0」と「1」の組み合わせだけで表すことができるというのかね。

シミアス　ええ、ソクラテス、その通りです。だが、それだけでは、まだ、たいしたことではありません。もっと大事なことは、言葉をはじめとする記号の操作を数どうしの計算によって表すことができるということです。もしも、思考というものが、ある手順に従った記号の操作から成る単純なステップに分解できるとすると、そうした記号の操作を数どうしの計算によって代表させることができるはずです。ですから、数どうしの計算をするように設計された機械によって、こうした記号の操作を自動的に実行させることができます。記号操作のための手順を先に与えておけばよいのですから。

ソクラテス　しかし、数どうしの計算にいろいろな種類のものがあるように、記号を操る仕方にもさまざまなものがあるのではないだろうか。そうした仕方の各々について、別々の機械を作るのかね。

シミアス　ソクラテス、さすがですね。あなたが言われたことがまさしく問題になったのです。これは、チューリングという数学者が証明したことなのですが、どのような手順であろうが、それがきちんと決められた手順でさえあれば実行することができるという意味で万能である機械が数学的には存在しうるのです。もちろん、実際に作ることのできる機械は、数学的に存在することが証明されている理想の万能機械の域まで達することはできない相談ですが、たとえば、この部屋にあるコンピュータは、そうした万能機械のかなりよい近似だと考えてよいのです。この機械は、ただひとつのことしかできないわけではありません。数の計算をすることもできれば、文章を自動的に書き直すこともできれば、自動的に推論をすることもできるのですから。そうした仕事をコンピュータにさせるためには、プログラムというものを与えてやらなくてはなりません。仕事をするための手順をきちんと書き上げたものが、プログラムなのですから。そうすると、思考がある決まった手順に従って記号を操作することではないかという先ほどの仮説を試すためには、「思考」という名前のもとで呼ばれているさまざまな営みを実現するためのプログラムを書いてみることではないでしょうか。もしもそうしたことがいくつかの事例について可能であることがわかったならば、それはもとの仮説に対して部分的な支持を与えることになるでしょうし、少なくとも、プログラムを書くことができた事例については、思考がどのような仕組みで働くものであるかについて具体的な知識が得られるはずです。

ケベス　ソクラテス、コンピュータというものがいかにひとを雄弁にするかをご覧になったでしょう。でも、ソクラテス、あなたは何かをおっしゃりかけましたね。

7　ソクラテスが素朴な疑問を呈する

ソクラテス　じつは、僕には、しばらく前から気になっていたことがあるのだがね。
ケベス　どういうことですか、ソクラテス。
ソクラテス　シミアスは、先ほどから、「コンピュータが計算する」という言い方をしている。しかし、「コンピュータが計算する」という言い方には、僕はどうも釈然としない思いをもつのだ。ここで「計算」というのは、ごく単純に、数を足したり掛けたりするだけのことを僕は考えているのだが。
ケベス　私もまったく同感です。ソクラテス、あなたが戻られる前に、シミアスと私のあいだで議論になったのも、まさに、その点なのです。
ソクラテス　きみたちの議論がどんなものであったのか、ぜひ、この僕にも教えてもらいたいものだ。でも、その前に、きみたちふたりの意見を聞かせてもらいたいことがあるのだが、どうだろう。
ケベス・シミアス　ええ、どうぞ。
ソクラテス　このあいだ、僕がここでもらった講演料やらテレビへの出演料やらのせいで、税金の計算をしなければならない羽目になって、シミアス、きみに手伝ってもらったことがあったね。僕は、きみがコンピュータに向かっているのを横から眺めていたのだが、そのとき、僕はふっと思ったのだ。ここでいま計算をしているのは、はたして、だれ、それとも何なのだろうか、とね。僕がきみたちふたりの意見を聞きたいと思うのは、次のことなのだ。すなわち、僕の税金の計算をしてくれたのは、シミアスだと言うべきなのか、それとも、コンピュータだと言うべきなのか、いったい、どちらなのだろう。

ケベス　もちろん、それは、シミアス以外ではありえませんよ。コンピュータが「計算した」と言うのは、言葉の乱用であって、正しくは、シミアスがコンピュータを「使って」計算したのだと言うべきだと、私は思います。

ソクラテス　ケベス、きみが言いたいのは、こういうことかね。つまり、第一に、AがBを使って計算したとすると、計算したのはBではなくAであり、第二に、コンピュータは計算の際に使われる道具でしかありえない、よって、コンピュータが計算することはありえない。どうだね、これが、きみの言いたいことだろうか。

ケベス　ええ、その通りです。

シミアス　ソクラテス、あなたは、見事にケベスを罠にかけましたね。

ソクラテス　え、何のことかね。

シミアス　なぜかと言うと、コンピュータは計算しないという結論を擁護する理由として、ソクラテス、あなたが挙げられて、ケベス、きみが同意したふたつの主張のうちの少なくともひとつは、それが誤りであることを簡単に示せるからです。

ケベス どの主張のことだろう。

シミアス AがBを使って計算したとすると、計算したのはBではなくてAだという主張です。もしもこの主張が正しいとするならば、私が何かの計算の答えを知りたくて、私以外の何か、あるいは、だれかに頼ってその答えを出したとすると、計算したのは、私であって、私以外のその何か、あるいは、だれかではないということになります。でも、こういう場合を考えてみてください。私がある計算の答えを知りたいのだけれども、自分では計算に自信がないので、ケベス、きみに頼んで計算の答えを出してもらったとします。このときに、計算をしたのは、私であってケベスではないと言えますか。考えてみれば、こうも言えますよ。ケベスが言う通りだとすると、ソクラテス、あなたの税金の計算をしたのは、コンピュータでも私でもなく、そもそも税金の計算を私に頼んだあなた自身だということになるじゃないですか。

ソクラテス では、シミアス、きみは、税金の計算をしたのは、きみではなく、コンピュータだと言うのかね。

シミアス そう言って何の不都合もないと思います。

ケベス いや、そんなことはないでしょう。先ほど話に出てきた電卓の場合を考えれば、もっとはっきりするはずです。シミアスのように考えれば、電卓だって計算するということになります。でも、電卓が自分で計算するなどと、いったいだれが考えるでしょう。

シミアス　電卓の場合でも事情は変わらないと思いますよ。電卓の場合に、「いま電卓が計算している」と言うのがむずかしいように思われるのは、答えが瞬時に出てしまうからだけのことではないでしょうか。もしも何時間もかかるような計算を、コンピュータなり、電卓なりにやらせてごらんなさい（もっとも、答えが出るまでに何時間もかかるような複雑な計算は、電卓ではできませんけれども）。そのときには、「電卓がいま計算している最中だ」といった言い方はごく自然に思えてくるはずですよ。

ケベス　しかし、電卓は自分で問題を出すことをしませんよ。こちらが問題を与えてやらなければ、何事も起こらないのです。「計算する」と本当に言えるためには、計算するべき課題をいつも他から与えられるだけでは不十分ではないでしょうか。

シミアス　それは、駄目です。計算などまっぴらで自分から計算しようなどとは決して考えないけれども、何かの理由で、ひとから与えられた問題を仕様がなしに計算する人間は考えられますよ。実際、ここのように、だれでもが計算に習熟するように学校というもので強制されるところでは、こうした人間はざらにいるのではないですか。また、それとは別に、自分で勝手に計算問題を作って、自分でその答えを出すような電卓というものも、簡単に作れますよ。

ケベス 電卓は計算の結果を知りたいとは思っていないでしょう。

シミアス それでも駄目ですよ。計算の結果を知りたくなくとも、計算をする人間はたくさんいると思えますもの。たとえば、無理やり計算問題をやらされるひとは、計算の結果を知りたいから計算をしているのではないでしょう。

ケベス それは詭弁ですよ。計算を自分から進んでやるわけでないひとでも、それは、たとえば、教師に怒られないことを望んでいるのですし、そのためには計算の結果を出すことが必要で、結局のところ、計算の結果を知りたいと思っているとは言えるのではないですか。

ソクラテス こういう具合いに言ったら、どうだろう。シミアス、「計算する」というのは、行為だろうか、それとも別の何かだろうか。

シミアス 行為だと思えます。

ソクラテス では、次のことは認められるだろうか。すなわち、行為というものには、どれほどはたから見てばかげたものであっても、何かの理由があってなされるものだということだ。

シミアス ええ、それも認められます。

ソクラテス では、次が肝心な点なのだが、よく考えて答えてくれたまえ。電卓が何かの結果を出したとしよう。さて、電卓にそうしたことをする理由はあったのだろうか。

シミアス （しばらく考え込む）

ケベス　なるほど、ソクラテス、あなたの狙いがわかりましたよ。もちろん、電卓には、どんなものであれ結果を出す理由はないように思われます。計算することが行為であり、何かが行為の主体であるためには、その何かに理由を帰属させることができなければならないとすれば、電卓ではなく、電卓を使う人間についてのみ、「計算する」と言うのでなくてはなりません。そして、このことは、コンピュータとコンピュータを使う人間についても、まったく同じでしょう。

8　計算することと洗濯することは違うとケベスは言う

シミアス　いや、ケベス、きみの議論は、まさに証明すべき論点を前提しての議論だと、僕には思われてならない。電卓に計算する理由を帰属させることができないということを、きみはただ、議論なしに主張しているだけじゃないですか。でも、ともかく、ソクラテス、あなたの問いに答えましょう。私の答えは、「計算する」ということには、ふたつの意味があるというものです。たとえば、地下室にある洗濯機のことを考えてください。洗濯というのは、その第一の意味では、私たちがする行為です。それは、洗濯物と洗剤とを洗濯機のなかに入れて、スイッチを押し、洗濯機が動き出すのを確かめ、それが止まったら、できあがった洗濯物を取り出すという一連の行為から成り立っている行為のことです。この意味では、洗濯するのは、私であって、洗濯機ではありません。しかし、この間、洗濯機は何もしないかと言えば、決してそうではないですよね。スイッチが押されてから、機械が止まるまでのあいだ、洗濯機が「洗濯」しているのです。この過程を通じて最初汚れていた洗濯物がきれいになるのですから、この過程もまた、「洗濯する」ことだと言われてよいはずです。ただし、こちらの過程は、「行為」と呼ばれるべきではないと思います。

ソクラテス　なるほど。念のために聞くけれども、電卓の場合についてはどうなるのかね。

シミアス　先ほども言いましたように、電卓の場合には瞬時に結果が出て来るので、洗濯機の場合ほど目に見える形にはなっていないのですが、電卓のキーを私が押すことが、洗濯物と洗剤を入れることに対応し、計算の結果の表示を私が読むことが、できあがった洗濯物を取り出すことに対応します。つまり、

（1）電卓のキーを押す
（2）電卓が計算する
（3）電卓に表示された結果を読む

の三つのステップの全体が、第一の意味での「計算する」ことで、これは、電卓を使うひとが行う行為です。それに対して、ステップ（2）で「電卓が計算する」と言われているときの「計算する」は、第二の意味での「計算する」です。洗濯機の場合に、第二の意味で「洗濯する」と言うことができるならば、電卓の場合でも同様ではないでしょうか。

ケベス　シミアスのいまの説明はもっともらしく聞こえますけれども、私は、やはりまちがっていると思います。洗濯することと計算することとのあいだには、ひとつの決定的な違いがあって、仮に「洗濯機が洗濯する」と言うことが正しいとしても、そのことから「電卓が計算する」と言うことが正しいということは出てこないと思えます。

ソクラテス　その決定的違いとは、何かね。

ケベス　洗濯というのは、衣類に関して、汚れのついた状態から汚れの落ちた状態へと変化させることだと言ってよいですよね。

ソクラテス　なるほど。しかし、ひとつ大事なことを忘れていないかね。[*18]

ケベス　何でしょうか。

ソクラテス　たとえば、片方の袖に汚れのついた衣類があるとしよう。この汚れている方の袖を切り落としたら、それは洗濯されたことになるのだろうか。

ケベス　わかりました。では、こうしたらどうでしょうか。つまり、洗濯とは、衣類に関して、その衣類の用途を損なうことなしに、汚れのついた状態から汚れの落ちた状態へと変化させることだと。

ソクラテス　まあ、よかろう。いずれにせよ、ケベス、きみは洗濯の完璧な定義を手に入れたいわけではないだろう。

ケベス　ええ。私が言いたいのはむしろ次のことです。ソクラテス、あなたがいま着ておられるそのTシャツを例に取りましょう。そのシャツのどのような状態が汚れのついた状態であり、どのような状態が汚れの落ちた状態であるかは、ソクラテス、あなたがどう思うかとか、私たちがどう思うかとは、いちおう独立に決まっていると考えてよいのではありませんか。

ソクラテス　（自分のTシャツの胸もとを思わず見て）どれだけの汚れを平気とするかどうかは、ひとによって異なるとしてもね。

ケベス　つまり、洗濯機に入れる前のTシャツの状態をある仕方で変化させたならば、洗濯が行われたことになります。それに対して、電卓の場合を考えてみてください。先ほど、シミアスが分けた三つのステップ

（1）　電卓のキーを押す

（2）電卓が計算する
（3）電卓に表示された結果を読む

のうちのステップ（2）では、本当のところ、何が起こっているのでしょうか。私はシミアスほど具体的なことを知らないのですが、それは、たとえば、電流がある仕方で流れて、電卓の表示を変化させるといったことではないでしょうか。要するに、ステップ（2）では、電卓のなかで何かの電気的変化が起こるだけのことでしょう。そうした変化に意味づけを与えることはもちろんできるでしょう。しかし、意味づけは、いく通りも可能です。電卓の電気的状態の変化を「計算が行われた」こととして意味づけるのは、無数にある可能な意味づけのなかのひとつにすぎません。また、電卓が自身でその電気的状態の変化に意味づけを与えるなどとだれが考えるでしょう。電卓の電気的状態の変化を「計算」と見なすのは、あくまでも、電卓を使うひと、すなわち、私たちなのです。

ソクラテス　洗濯機のなかで僕のTシャツがぐるぐるまわることは、それだけで「洗濯している」ことだと言ってもいいけれども、電卓のなかで何か電流が流れていることは、それだけでは「計算している」ことだとは言えないというのだね。

ケベス　ええ、そうです。第一、電卓に表示された結果を、数を表す記号として読むのは、私たちであって、電卓ではないのです。計算というのは、シミアスの言うように、記号を操作することかもしれませんが、その記号を解釈するだれかがいなければ、そもそも、計算でも何でもないのです。

ソクラテス　洗濯機は洗濯するが、計算機は計算しないというわけだ。

ケベス　挑発的に言えば、そうなります。計算機が計算しないということは、別の仕方で示すこともできます。計算した結果を何かのために使うことができなければ、「計算している」とは言えないのです。要するに、「コンピュータが計算する」という言い方がいかがわしいのは、計算というのは、さまざまな応用を抜きにしては、何の意味ももたない記号のゲームにすぎないからだ[*19]と思われます。

9　シミアスがゲームを提案する

シミアス　ケベスの言うことは、私も、もっともだと認める用意があります。いずれにせよ、足し算や掛け算の答えを出すだけの電卓が「考える」ことができるとは、私だって主張はしませんからね。しかし、電卓などとは比較にならないような性能をもち、もっと複雑なプログラムを備えたコンピュータならば、数どうしの計算だけでなく、計算の結果をさまざまな仕方で使うことも、またそれだけでなく、その他、一般に、私たちが「知的活動」と呼ぶもののすべてを行うことができるはずです。

ケベス つまり、シミアス、きみは、コンピュータが計算できるのはもちろんのこと、考えることさえできると言いたいのだね。

シミアス そう言いたいところですが、そうすると、あなた方は、きっと「それじゃ、考えるということを定義してみたまえ」と言うにきまっています。ここは、もう少しいいやり方があることを、私は、先にも名前の出てきたチューリングの有名な論文[20]から学んだのです。

ソクラテス いったい、どういうやり方かね。

シミアス それは、人間とコンピュータのあいだで一種のゲームをさせるのです。チューリングは、そのゲームを、コンピュータとは関係のない別のゲームから思いついたということなので、まず、そちらの方から説明しましょう。コンピュータと関係ないゲームの方については、それをするためには、少なくとも三人必要で、しかも、この三人が全員同性であってはなりません。いちばん簡単な場合として、A・B・Cの三人でこのゲームをするとして、Aが男性でBが女性だとします。Cは男性であっても女性であってもかまいません。ゲームは、AとBとのあいだで戦わされます。Aの目標は、Aが女性であると誤ってCに思い込ませることです。

他方、Ｂの目標は、Ｃを助けて、Ａは女性のふりをしているがじつは男性なのだという正しい結論にＣを導くことです。Ａが女性でＢが男性だという誤った結論をＣが出した場合には、Ｃにそう思い込ませたＡの勝ちで、逆に、Ａが男性でＢが女性だという正しい結論をＣが出した場合には、Ｂの勝ちということになります。

ソクラテス　何かい。それは男が女装したり、女が男装したりするゲームなのかい。そういうゲームは、僕にはあまりぞっとしないな。

シミアス　ソクラテス、それは誤解です。大事なことを言い忘れていました。第一、Ａ・Ｂふたりの身体検査をするだけの権限をＣに与えてしまうならば、このゲームの勝敗はほとんど明らかですから、Ｃが手がかりとして使えるものは限定される必要があります。いずれにせよ、このゲームがはやったのは、私たちのいまいるよりも前の時代で、ええと何と言いましたっけ、そう、性的抑圧の強かった時代らしい[*21]のです。ＡとＢの身体的特徴は、手がかりとして排除されなければなりません。したがって、Ｃは、ＡとＢを見たりさわったりはできません。また、ＡとＢの声を聞くこともできません。Ｃが手がかりとできるのは、自分の質問に対するＡとＢからのタイプされた答えだけです。

ソクラテス　もちろん、ＡとＢは、Ｃからの質問に対して嘘を答えてもよいのだろうね。

シミアス　もちろんです。ですから、ＣがＡに

あなたのいまの服装を教えてください

という質問を出したとすると、Aは、たとえば、

私は、いま、白のブラウスにスカートをはいています

という具合いに答えてよいのです。

ケベス　シミアスは先ほど、このゲームが「性的抑圧」の強い時代にはやったなどと言っていましたけれども、われわれの時代だったら、女の真似をしてゲームに勝とうなどと考える男はみんなの笑い者になるのが落ちだと思いますがね。

ソクラテス　ほらほら、ケベス、きみは、さっぱりここの風習になじもうとしないんだね。僕もフェミニストから何かと言われたりはするが、彼女たちの言うことがもっともだと思うことも多いよ。

ケベス　本当ですか、ソクラテス。それは驚きです。

ソクラテス　この問題については、また別の機会に話し合うことにしようじゃないか。ところ

で、シミアス、きみはまだ、このゲームがコンピュータとどう関係するのか説明していないよ。

シミアス　チューリングが提案するゲームは、いまのゲームでAがしていた役割をコンピュータにやらせて、AとBのどちらがコンピュータでどちらが人間かを、Cに当てさせようというのです。したがって、Aは、Cに、Aがコンピュータではなくて人間だと思い込ませなければなりません。そして、もしもコンピュータがこのことにたびたび成功するようならば、思考という点に関しては、コンピュータと人間とのあいだに原理的な相違があると考えるべきではないと、チューリングは主張するのです。

ソクラテス　つまり、コンピュータが、人間の質問者からの質問に答えるという限りで、人間の真似を完璧にできるならば、コンピュータは考えると言ってもよいというのかね。

シミアス　ええ、そうです。そして、コンピュータが知能をもつと言えるかどうかは、コンピュータがこうしたテストに合格するかどうかで判定できるだろうというのです。

ケベス　しかし、それは明らかにおかしいですよ。もともとのゲームで、男性が、女性の真似を完璧にできるからといって、その男性が女性であるということにはならないでしょう。

シミアス　ケベス、そうじゃないですよ。質問者との受け答えでコンピュータが人間の真似を完璧にできるならば、そのコンピュータは人間であると言っているわけではないのですよ。

ケベス　でも、そうすると、コンピュータがきみの言うようなテストに合格するとしても、そのコンピュータは考えることをうまく真似できるというだけのことじゃないか。

シミアス　そうですか。考えることと考えることをうまく真似ることとのあいだに、本当に何か違いがありますか。

ソクラテス　シミアスのいまの問いかけは、じつに興味をそそるね。たとえば、泣き真似をする子供は実際に泣いているわけではあるまい。しかし、流行歌手が歌うのを真似ている子供は、実際に歌ってもいるのではないかな。しかも、その真似が水準以上のものならば、同じ歌を歌っているとも言えるだろう。シミアスは、この点では、考えるということが、泣くことと同じ種類のことではなく、むしろ、歌うことと同じ種類のものと考えているようだ。はたして、シミアスの言う通りなのだろうかね。

ケベス　いや、ソクラテス、ちょっと待ってください。シミアスのゲームでコンピュータが示す反応は、タイプされた答えを返すことだけですよね。そうした答えが実際に「考えた」ことの結果だという保証はあるのですか。あなたがたも覚えているでしょう。この辺にたくさんある、奇妙な宗教に心酔している若者たちが集団で暮らしている場所をいくつか訪ねてみたことがありましたね[*22]。そうした宗教のひとつの教祖だという男は、みんなから「賢者」として崇められていましたが、かれがそうした評判を取ったのがなぜかは、すぐにわかったではありませんか。要するに、かれは、どんな質問に対しても、謎めいた短い文で答えるだけだったのです。

しかも、そうした答えにたいしたヴァラエティがあるわけでもなく、私の推測では、せいぜい二十通りもあればよいほうでした。この男が何かを本当に考えたことがあるなどとは決して思えません。だから、考えることを真似することと本当に考えることとは、明らかに違うことでしょう。

シミアス なるほど。そうした「賢者」ならば、コンピュータで実現するのも簡単でしょう。[*23] しかし、「本当に考えている」かどうかは、どうやってわかります？ 相手が何か謎めいたことを言ったら、その意味は何だと聞き返すのではないですか。それに対して返って来た答えにまだ満足できなければ、さらに相手とやり取りを続けるでしょう。そうした会話を一貫して続けることができるかどうかこそ、相手が考えているかどうかを判定する基準になっているのではありませんか。しかも、ここでは、何か限定された話題についての会話が問題になっているのではありません。質問者はどんな話題を持ち出してもよいのです。天候の話であれ、ホメロスの解釈であれ、幾何学の定理であれ、筋の通った会話を交わすことができるならば、それ以上のどんな証拠が必要になると言うのです？

ケベス でも、シミアス、会話をスムーズにできる――そのように見えるにすぎないと私は言いたいけれども――ことが、考えることのすべてですか。会話の記録だけを見れば、いかにも人間どうしの会話と見分けがつかないような成績を挙げるコンピュータがあったとしても、それは、「会話する」機械にすぎないと私は思います。それは、ちょうど、電卓が本当の意味では計算していないのと同様、本当の意味で会話しているのではなく、もちろん、考えているわけでもないと私は言います。

ソクラテス　僕の記憶がまちがっていなければ、電卓について「計算する」と言うのがためらわれたのは、いわば計算がそれだけで孤立していて、他の事柄への応用ということがないからだという結論になったのだったね。

シミアス　ええ、そうでした。そして、いま考えているようなゲームに勝てるコンピュータの場合には、数の計算とその応用とは当然切り離せないものでなくてはならないはずです。なぜならば、数どうしの計算しかできないようなコンピュータが、このゲームに参加してもすぐに正体が暴露されてしまうでしょうから。

ケベス　いや、シミアス、きみは、もっとも大事な点を忘れていますよ。計算がその応用を欠いては「計算」と言えないように、会話もまた、それがどんなに広い範囲の話題を扱っているように見えても、会話の外にあるものとの関連がついていない限りは、会話のまがいものでしかありえないのです。たとえば、コンピュータが天候について一見気の利いた会話を交わせるからといって、コンピュータが本当に天候を話題にしていることになりますか。シミアス、きみは、会話がそもそも何のためになされるかを棚上げにしていませんか。ひとが天候について話を交わすのは、自分が単なる機械ではないと相手に信じ込ませるためではなくて、天候がどうなるか気になっていたり、とりたてて話題はなくとも相手と気まずくならないために会話をしばらく続けるためでしょう。でも、シミアス、きみのコンピュータは、天候がどうあるかはもちろん気にしないし、第一、天候についてなどぜんぜん語っていないと思えます。コンピュータは「きょうはよい天気だ」という文を送り出すかもしれないけれども、そのことで、きょうがよい天気であるということを意味しているわけではないのです。

ソクラテス　ケベス、きみのいまの断定はひどく大胆だが、本当にそう思うのかね。

ケベス　ええ。シミアスはゲームを提案しましたが、私は、それに対してひとつの寓話[*24]で答えましょう。この寓話はこの近辺では広く知られているもののようですが、それが、何よりもよく、コンピュータに思考を帰属させることのばからしさを明らかにすると思います。

ソクラテス　寓話とは楽しみだね。イソップの話を乳母にねだった子供の頃から、僕は、寓話には目がなくてね。ケベス、ぜひ、それを聞かせてもらおうではないか。

10　ケベスが寓話を語る

ケベス　シミアスが言うようなゲームで人間と対等に戦えるコンピュータがあったとします（私は、そもそも、そんなコンピュータを作れるなどとは思いませんが、いずれにせよ、これは寓話ですから、少なくともそうしたことが可能だとしておきます）。そうすると、このコンピュータは、人間から出される質問に対して適当な解答を出すことができなくてはならないわけですね。コンピュータがどのような仕方で動くかについての、先ほどのシミアスの説明によれば、ここで問題となっているコンピュータは、質問に応答するためのプログラムをもっていなければならないはずです。さて、このプログラムは、もっと具体的には、何をするのでしょう。それは、基本的には、質問を表す一群の記号が与えられたら、その質問に対する答えを表す別の一群の記号を返すものです。シミアスが強調していたように、プログラムというものは、ある決まった手順を実行するための規則を明確な形で書き出したものだと考えられます。シミアス、これでよいですか。

シミアス　ええ。

ケベス　そうすると、このコンピュータは、一群の記号を受け取り、プログラムによって記述された規則に従って、別の一群の記号を返すという動作をするものです。プログラムによって記述される規則はひどく複雑なものになるでしょうが、それが記号を操作するための規則であるということは認めてよいはずです。そして、こうした記号の操作というものは、記号の外形だけにかかわるもので、記号の意味にかかわるものではありません。そうでしたね、シミアス。

シミアス　その通りです。

ケベス　シミアスのゲームでは、質問や応答が何語でなされるものなのか特定されていませんでしたが、それは、もちろん、質疑応答が当然ここの言葉でなされるものだと考えていたからでしょう。ところで、私たちのかつての知り合い、たとえば、パイドンが、私たちと同様に不可思議な仕方で、突然私たちの前に現れたとします。パイドンは、ここの言葉をいっさい理解しないでしょう。パイドンにここの言葉を教えなければなりません。ところが、いま、コンピュータこそ人間の能力を探究する最良の手段だと考えている科学者がいて、コンピュータに言葉を理解させる方法がすでに見つかっているのだから、これを人間にも適用しない手はないと考えたとします。要するに、言葉を理解しているかどうかは、われわれと円滑な会話を交わせるかどうかで決まるのだし、そうするためのプログラムもちゃんとあって動いているのだから、このプログラムをパイドンに覚えさせようというわけです。さて、パイドンはどれだけのことを覚えなければならないでしょうか。まず、かれは、ここの文字を覚えなければなりません。しかし、それは、文字の形を見て、違う文字なのかそれとも同じ文字なのかさえ識別できればよいはずです。いちばん大変なのは、プログラムに記述されている仕方で、記号を操作するための規則を覚えることでしょう。ただし、この規則を覚えるためにパイドンはここの野蛮な言葉を知っている必要はありません。昔ながらの格調高いホメロスの言葉で書かれた規則を覚えればよいのです。

シミアス もちろん、それは、原理的には可能だとは思いますが、パイドンにとっては大変なことになりますよ。

ケベス でも、原理的に可能だということは認めますね。

シミアス ええ、まあ。

ケベス ところで、この間、パイドンは、みんなから隔離されて、ある部屋に閉じ込められているとします。かれと会話を交わしたいひとは、小さな窓ごしに、質問を書きつけた紙を渡し、その同じ窓から答えを受け取るという形を取るしかありません。規則に従うことにパイドンが慣れるにつれて、質問に対する返答が返って来る時間は短くなって行きます。こうした紙のうえでのやり取りを見ているだけでは、パイドンが質問を理解していることは明らかであるように見えます。しかし、パイドンは、本当に質問の意味を理解しているのでしょうか。規則を述べている言葉、すなわち、われらがホメロスの言葉をパイドンが理解していることは明らかです。けれども、パイドンがここの言葉を理解していないということもまた明らかではありませんか。かれがここの言葉について知っていることは、文字を識別することと、そして、そうした文字の羅列を変形したり置き換えたりするための規則だけなのですから。

ソクラテス　ケベス、きみの寓話には、当然、教訓があるのだろうね。

ケベス　ええ、もちろんです。話のうえとはいえ申し訳ないことですが、パイドンにはコンピュータの代わりをしてもらったわけです。プログラムに従うことによってコンピュータが「会話する」ことができるのならば、コンピュータの代わりに人間がプログラムを実行するとしても、結果は同じでなければなりません。しかし、この寓話のなかのパイドンは、明らかに、この言葉を理解してはいません。ということは、パイドンが覚えたプログラムに従って動くコンピュータもまた、言葉を理解していないということになります。それは、どのようなプログラムを持ってきても同じです。ですから、教訓は、少なくともふたつです。ひとつは、シミアスが提案したようなゲームに勝てるかどうかは、コンピュータが「考える」と言えるためのテストとはなりえないということです。もうひとつは、人間の思考活動をコンピュータのプログラムのようなものによって説明することは原理的にまちがっているということです。

ソクラテス　ふぅむ。こう言われて、シミアスが黙っているわけはないだろうね。

シミアス　当然です。言いたいことが多すぎて、どこから始めたらよいのか迷っているぐらいです。ケベスがいま語った寓話は、その教訓と称されるものも含めて、私も前に聞いたことがあります。まず、私に不思議に思えたことは、この寓話のなかでパイドンがここの言葉を理解しないのは「明らかだ」と言われていますが、そう断定するだけの証拠がどこにもないことです。

ケベス どうしてです。それはパイドンに聞くまでもないことです。

シミアス どちらの言葉で聞きますか。ホメロスの言葉でですか、それとも、ここの言葉でですか。前者で聞けば「理解していない」という答えが返って来るでしょうが、後者で聞けば、当然、「理解している」という答えが返って来るのではありませんか。寓話のなかのパイドンについて奇妙なことがあるとしたら、それは、かれが、ふたつの言語のあいだの関連をつけられないことでしょう。つまり、かれは、一種の言語的二重人格者になっていて、ホメロスの言葉を理解しているときに限ってここの言葉が理解できないのだと解釈できます。[*25]

ケベス いいえ。ふたつの言葉に対して、パイドンはまったく違う仕方で接しているのです。かれがホメロスの言葉を理解して使う仕方は、ふつうに私たちが言葉を理解して使う仕方と同じですが、かれがここの言葉を操る仕方は、それとはまったく異なるものです。それは、私たちが言葉を理解して使うときの仕方とは、ぜんぜん違うものではありませんか。

シミアス つまり、ここの言葉をパイドンは、記号を操る規則をいちいち参照することによって操ることしかできないと言うのですね。好都合です。ここで、この寓話について私が気になる第二の点に移ることができます。たしかに、よく知っている言語を用いるとき、私たちは、いちいち参照すべき規則を探して、その規則を解釈したうえで、規則に従うといったことをするわけではありません。だが、それを言うならば、コンピュータだって同じです。

ソクラテス　何だって。シミアス、僕には、どうなっているのかよくわからなくなってきた。プログラムというのは規則の集まりであり、コンピュータはプログラムに従って動くと、きみは言っていなかっただろうか。

シミアス　ええ、ソクラテス、あなたがそうおっしゃるのは、もっともです。きちんとした言葉遣いをしなければと思いながら、つい安易な言い方をしてしまったようです。混乱が生ずるのは、「規則に従う」ということに、ふたつの意味があるからなのです。ひとつの意味によれば、規則に従うことができるためには、その規則が理解されていなければなりません。それに対して、もうひとつの意味の「規則に従う」というのは、たとえば、天体がある決まった規則に従って運行するといったような場合のことです。いや、天体の例はまずいですね。むしろ、ひとによって作られたもの、たとえば、先ほどから私たちに涼しい風を送っている扇風機を例に取りましょう。それは規則的に羽根の向きを変えて部屋中に涼しい風が行き渡るようにしています。つまり、扇風機はある規則に従ってその羽根の向きを変えていると言ってよいと思います。そして、コンピュータがプログラムの形で与えられている規則に従って動くと言うときの、「規則に従って」とは、このような意味でなのです。コンピュータは、プログラムに「従って」動くように作られているのであって、プログラムをいちいち解釈して、そのうえでそれに「従う」わけではないのです。ですから、ケベスの寓話のなかでパイドンがしていること、すなわち、パイドン自身がまず理解することを必要とする規則を与えられてそれに「従って」記号を操作することは、コンピュータがプログラムに「従って」何かをすることとは、「従って」の意味がまったく違うので、一方について言えることがすぐ他方についても言えるということには決してならないのです。[*26]

ソクラテス　しかし、シミアス、そうすると逆に、コンピュータが言葉を理解していると言えるための余地がなくなりはしないかね。コンピュータにとって規則に従うということが、扇風機の羽根の運動がある規則に従うことと同じ種類のものだとしたら、コンピュータが故障することはあっても、まちがえるということはなくなるわけだろう。だが、まちがえるという可能性が最初から排除されているところでは、正しく理解するということもありえないのではないだろうか。そして、正しく理解するということがありえないところでは、そもそも理解ということを語ることもできないのではないだろうか。

11 シミアスがコンピュータのために弁舌をふるう

シミアス ええ、ここに大きな問題があることは認めざるをえません。

ケベス それどころか、これ以上にはっきりしていることはないと思われます。コンピュータの場合には、どこまで行っても、プログラムに従って動くだけであって、私たちがするように規則を解釈してそれに従うということはないのですから、コンピュータが言葉を理解するはずはないのです。

ソクラテス どうやら、話が核心に近づいて来たようだね。

シミアス ええ、そのようです。ところが、自分でももどかしいことに、この「規則に従う」という話になると、これが唯一正しい考え方だという具合いに言えなくて困っているのです。でも、試してみましょう。

ソクラテス そう、シミアス、その意気込みだ。

シミアス もう一度、人間と見分けがつかないような会話をするコンピュータの場合に戻りましょう。そのようなコンピュータは、きわめて複雑なプログラムをもっているはずです。このコンピュータと実際に会話を交わしている場面を考えましょう。いちいち「このコンピュータ」と言うのはわずらわしいので、これには名前があって、「HAL」[*27]と言うのだとします。

さて、ふつうの会話では、こちらが何かを言ったときに相手からどのような答えが返って来るかは、まったく予想もつかない場合もありますが、返って来る答えが、ごくおおざっぱなものであれ予想の範囲に入るということが多くの場面で言えない限り、会話は成り立たないと思われます。したがって、HALとの会話でも、こちらが言うことに対して、どのような答えが返って来るかが、多くの場合に予想できるのでなくてはなりません。HALの答えを予測するにはどうしたらよいでしょうか。ひとつの確実と思われる方法は、HALのプログラムを調べて、こちらからの問いかけとそのときのHALの状態とから、HALが返すはずの答えを計算することです。これは原理的には可能ですが、HALがもっているような複雑なプログラムの場合には、とんでもない仕事になります。できるとしても、きっと他のコンピュータが何台も必要になるはずです。したがって、もっと効率のよい方法が望まれます。そして、そうした方法はあります。それは、HALから返って来る答えが、会話を進めるという目的にかなうものだろうという仮説を立てて、その仮説のもとで、会話の現在の局面から返って来そうな答えを予測することです。[*28] 通常の会話は、会話のそれぞれの局面で適切なことを言うべきであるとか、特別の理由がない限り自分が真だと思うことを言うべきであるといった規則に従っているものです。[*29] HALからどのような答えが返って来るかを予想するときに、会話についてのこうした規則が有力な手がかりを与えてくれます。こうした仕方でHALの答えを予測するということは、ＨＡＬもまた私たちと同じように会話の規則に従うと見なすこと、つまり、ＨＡＬを一個の合理的行為者と見なすことです。

ケベス　しかし、「規則に従っているかのように見なす」ということと「規則に従っている」ということは別でしょう。

シミアス　じつは、そこが、私にもどちらとも決めかねているところなのです。人間の場合でも、結局は、規則に従っていると見なしうるということが、規則に従っていることだと言い切りたい気持ちもあるのですが。ただ、ソクラテス、あなたは、プログラムに従って動作することが、規則に従うことを排除するとお考えのようでしたが、必ずしもすぐにそうとは言えないと私は主張したいのです。

ソクラテス　僕にも、ケベスと同様の疑問が残ってはいるのだがね。しかし、それはいまはおいておこう。ケベス、きみが先ほどから何か言いたくてじりじりしているのは、僕も気付いている。

ケベス　ソクラテス、どうもすみません。シミアス、きみはまだ、もっとも大事な問題に答えていませんよ。先にも私が言ったように、きみの「会話する」コンピュータが本当の意味で会話するとは言えない理由は、コンピュータから返って来る言葉が実際には何も意味していないからです。コンピュータが行うのは記号の操作であって、しかも、そうした操作は記号の意味を無視してできるものだと、シミアス、きみは何度も強調したではないですか。意味を無視した記号の操作から意味が出て来るわけがないことは明らかではありませんか。[*30]

シミアス　ケベス、きみには申し訳ないけれども、きみの出した問題はすぐに解決のつく問題ですよ。もしも解決がつかないと思うならば、それは、「意味」ということで、きみが、自分ひとりだけが経験できる曰く言いがたい何かといったものを考えているからだとしか思えません。「言葉の意味とは何か」という問いに答えることはできませんけれども、少なくとも、言葉はその言葉以外の何かとある仕方で結びついているならば意味をもっていると言ってよいのではありませんか。あるいは、言葉を使って何かをすることができるならば、そうする者にとってその言葉は意味をもっていると言ってよいでしょう。「会話する」コンピュータから返って来る答えが、こうした意味で「意味」をもっていると言えるようにする方法として、私にすぐ思い付くものが、ふたつあります。ひとつは、このコンピュータがただ会話するだけでなく、言葉以外の手段で外界と交渉をもつようにすることです。たとえば、物を動かすとか、自分で移動するといったことが考えられます。こうしたコンピュータは、むしろ「ロボット」と呼ばれるのが適切でしょうが、私たちの言葉に反応し、また、自分で言葉を使って要求を出すことができます。こうした言葉に意味がないとは、当然、言えません。もうひとつの方法は、じつは、コンピュータそのものについては何もしないことです。もっと正確に言えば、会話するコンピュータを、文字通り私たちと会話するコンピュータとして遇することです。ただし、そのように遇すべきコンピュータはどんなものでもよいというわけではありません。会話のレパートリーとして、せいぜい数百個ぐらいの文しかもっていないようなコンピュータは、会話するコンピュータとしては失格です。また、もっと多くの文をそのレパートリーにもっていたとしても、私たちが文を作るのと同じような自由さをもっていなければ、それもまた失格です。人間と同様な仕方で文を組み立てることができて、会話の規則に適切に従うことができる――あるいは、お望みならば、「できるように見える」と言っても構いませんが――コンピュータならば、それは、私たちと会話を交わすということで十分に外界との交渉をもっていると言ってもよいのではありませんか。つまり、こうしたコンピュータは、私たちの一員として、その言葉の意味を私たちから譲り受けると考えられます。したがって、コンピュータと（二重の意味で）意味ある会話を交わすということも十分考えられ、ここで私たちがしているような会話だって……

ソクラテス　……すると、突然、稲妻が走ったかと思うと、雷鳴が轟き、天上から声が響いた。僕は、ゼウスの声だと思ったが、たしかなことは言えない。その声は、「ソクラテスよ、おまえがいままで会話していたうちのひとりは生身の人間だが、もうひとりはコンピュータだ」と言った。さらに重ねて、その声は、「さて、ソクラテス、おまえは、どちらがどちらだかわかるか」と尋ねた。僕は答えようとして口を開きかけたが、そこで夢から醒めたのだ。というわけで、ケベスとシミアス、僕が今朝がた見た夢の、これが一部始終だ。

シミアス　ソクラテス、まことに不思議な夢ですね。

ケベス　本当に。不吉な夢でなければよいのですが。私はなんとなく心配です。

シミアス　私も胸騒ぎがします。しかし、ソクラテス、ひとつだけ教えてください。あなたが夢から醒める前に言おうとされていた答えは何だったのですか。その「こんぴゅーた」とか言う不可思議な魔物は、どちらだったのですか。あなたの夢のなかの私がそうだったと聞いても気を悪くするわけではありませんから、どうかおっしゃってくださいませんか。

ソクラテス　いや、僕も、夢から醒めてすぐ、どちらの名前を言おうとしていたのか、ぜひとも思い出そうとしたのだが、どうしても思い出せないのだ。でも、もうそろそろ出かける時間だ。僕たちを呼んでくれたパイドンが待ちかねているだろう。

後記——二〇一七年

この対話篇を書いたのは一九九〇年のことである。一九九〇年と言えば、一九八二年に始まった第五世代コンピュータープロジェクトがまだ続いており（このプロジェクトは一九九二年に終了したが、それの母体となったＩＣＯＴは、後継プロジェクトのためにさらに二年間存続した）、第二次と言われるＡＩブームもまだ終わってはいなかった。日本社会全般に目を向ければ、まさにバブル崩壊直前という時期であった。

それから二十七年、四分の一世紀以上経った現在に至るまでに、この対話篇で扱った事柄に関してどのような変化が生じただろうか。まず、われわれを取り巻くコンピュータ環境の変化には、じつに大きなものがある。一九九〇年頃の私の環境を思い出してみるだけで十分である。インターネットは知られていたし、メールも使い出してはいたが、それは研究者どうしのやり取りに限られており、コンピュータが常時インターネットとつながっているなどということは考えられなかった。インターネットを通じてやり取りされる情報が文字ベースのものに限られていたことはもちろんである。

第五世代コンピュータープロジェクトが終了してからの二十年近く、ＡＩには「冬の時代」が訪れたとよく言われる。たしかに、「AI」とか「人工知能」といった言葉を耳にしない時期がずっと続いたという印象がある。それが最近になってまた耳にするようになり、いまや第三次のAIブームだと言う。現在のブームの大きな原因は、ハードウェアの進化と低価格化、ならびに、インターネットを通じての膨大なデータの蓄積により、画像認識や囲碁・将棋といった特定の課題に関して、コンピュータの方が、人間を超える成績を常時収めるということが生じたからだろう。「AI」がこうした特定の課題に限定されたプログラムに適用されるようになったため、第一次と第二次のAIブームにおける「AI」と同じ意味をもつ用語として、「AGI――Artificial General Intelligence」という用語が使われるようになってきている（「HLAI――Human-Level Artificial Intelligence」とか「HLMI――Human-Level Machine Intelligence」といった用語もある）。チューリングは、その論文「計算機械と知能」（一九五〇年）のなかで、かれの考案したテスト（チューリング・テスト）に合格するコンピュータは、二十世紀中に出現すると予測したが、そうはならなかった。二〇一七年の現在に至るまでも、そうしたコンピュータは登場していない。（二〇一四年にイギリスのレディング大学主催の催しで、十三歳のウクライナの少年をシミュレートしたプログラムが、チューリング・テストをパスしたと報じられたが、これには、ラッセルが自身の死亡を伝えた誤った記事に接して述べたとされる言葉、すなわち「誇張に過ぎる報道」という言葉があてはまると考える専門家は多い。このプログラムとのやり取りの一部を読んだが、私もその通りだと思う。）

それでも、ＡＩ研究者は、ＡＧＩの実現可能性に悲観的ではないようにみえる。「人間の行う知的仕事（human professions）の大部分をふつうの人間と同じ程度こなせること」をＡＧＩの基準として、ＡＧＩがいつ頃出現するかの予測を、ＡＩ分野の研究者にたずねた何種類かの調査を総合すると、研究者の九割までが、ＡＧＩは二十一世紀中に出現する確率が高いと答えているという（Nick Bostrom, *Superintelligence: Paths, Dangers, Strategies.* 2014, Oxford University Press, p. 23）。

いまもし「ＡＩの臨界」というテーマで何か書けと言われたらどうするだろうか。チューリング・テストに合格する機械は、「思考する」と言えるだろうかという議論は、たぶん、それほど変える必要はあるまい。チューリング・テストをめぐる現在の議論状況を報告している『スタンフォード哲学事典 *Stanford Encyclopedia of Philosophy*』の項目“The Turing Test”（Graham Oppy と David Dowe による）を見てもそう思う。最近のＡＩをめぐる報道や議論を見て思うのはむしろ、ＡＩの目的について考え直す必要があるのではないかということである。思考する機械を人工的に作り出すことは、思考の本質を理解することを可能にすると、これまで考えられてきた。たとえば、飛行する機械を作るためには、飛行がどのような原理によって可能になるかを理解することが必要だとひとは考えてきた。ともかく鳥は飛んでいるのだから、鳥の完全な複製を作ることができたらそれでよいとは考えなかっただろう。もしもこうしたことができても、それは、飛行する物体を人工的に作り出したことにはなっても、飛行の原理の理解につながるとは限らないからである。読者が読まれたソクラテスの夢のなかでのシミアスが取っているような計算主義は、思考を計算と考えることで思考がどのような原理に基づいて可能となっているかを明らかにするというプログラムを含んでいる。それに対して、人間の脳のできるだけ正確な複製を作ることによって、思考する機械を作ろうとすることは、こうしたプログラムに寄与するとは限らない。人工的に複製された脳がチューリング・テストに合格したとすると、それは画期的な出来事ではあるが、思考というものの解明が与えられたことにはならないだろう。あるいは、チューリング・テストには合格するが、それがどのようにして可能となっているのかが、それを作った当の人々にも理解できないような機械が作られたら、どうだろうか。

何かを人工的に作ることと、その何かの仕組みを理解することとが一致しないという可能性に、現在のわれわれは直面しているように思われる。現在「ＡＩの臨界」というタイトルで何かを書くのならば、たぶん、こうした可能性について論じるのが適切なのだろう。それが私の役目でないことは、さいわいである。

意味と経験——テアイテトス異稿

対話人物

ソクラテス　七十歳くらい。

テアイテトス　十代後半の若者。後に幾何学者となり、さまざまな業績を残す。

1 言葉の理解のために必要な経験とは何か

『テアイテトス』163B-Cには、次のようなやり取りがある。田中美知太郎訳（岩波文庫）によって引こう。

ソクラテス それでは、どうかね、われわれは次のようなことがらに同意すべきものなのだろうか。すなわちわれわれが視るとか聴くとかすることによって何かを感覚しておる場合に、われわれはそれらすべてのものを同時にまた知識しているのであるとなすべきであろうか。例えば外国人が物を言っている場合、われわれは未だその言語を学知しておらぬとしたら、われわれはそれをわれわれが聴いているということを否定すべきであろうか。それともまたわれわれは、われわれがそれを聴いていることを肯定して、そしてわれわれは彼らの言うことが何であるかをも知識していると主張すべきであろうか。また更に、文字の知識がなくって文字に目をやっている場合、われわれはこれを視ておらんのだと主張すべきであろうか。それともまた、視ているんだから、知識しているのだなんてことを強いて主張したものだろうか。

テアイテトス それは、ソクラテス、それの、私たちが視たり聴いたりしているまさにちょうどそのものだけを私たちは知識しているところのものなのです。すなわち後の場合なら、それの形と色が私たちの視て知識しているところのものなのです。前の場合なら、その音の高低が私たちの聴いて同時に知了しているところのことなのです。これに反して、読み書きの師匠や通訳の者がこれらについて教えてくれることはと申しますと、それはわれわれが視たり聴いたりして感覚していることではなく、また私たちの知識していることでもないと申さねばなりません。

ソクラテス　いや、これは、テアイテトス、上できだった。君のいま言ったことに異論をさしはさむなんてことは、それにまた上策でもないんだ。……

ソクラテスが――いくらかの皮肉をこめて――「上でき」と評したテアイテトスの答えを認めるならば、文字の形や色を知覚したり、音声の高低を知覚することと、そうした文字や音声の意味を理解することのあいだには、はっきりとした懸隔があることになる。また、そこで言われていることだけに限れば、テアイテトスの答えを否定することはむずかしい。石に刻みつけられた模様がはたして文字であるのかどうか、見知らぬ人々がはたして分節化された言葉を発しているのかどうか、そうしたことすらわからない場合でさえ、われわれはそこに、色や形、あるいは、音の高低を知覚することができる。文字や音声の知覚がそれだけでは意味の理解の十分条件とならないことは明らかである。

だが他方で、いくら議論の都合上とはいえ、ソクラテスがここでテアイテトスの答えに異論をさしはさまなかったことを残念に思うのは、私だけではあるまい。なぜならば、テアイテトスの答えは、「では、文字や音声の知覚に何が加われば意味の理解に至ることができるのか」という当然の疑問を生ぜずにはいないからである。そして、知識を、感覚、あるいはより広く取って経験と同一視するというテアイテトスの最初の提案に従えば、知識の一種である文字や音声の知覚に、どのような知覚あるいは経験が付け加わるならば、意味の理解という別種の知識が生ずるのかという形で、先の疑問は言い直されることになろう。テアイテトスの答えの吟味は、知識のすべてを経験に基づけようとする経験主義の枠組みのなかで言語の理解という現象を正しく位置づけるのは可能なのか、もしそうであるならば、それはどのようにしてなされるのかを探究する糸口となったであろう。あるいは、こうした経験主義の枠組みを離れても、言語の理解において問題となるような経験の概念とはどのようなものかという探究が、ここから出発できたと思われる。

たとえば、先に引用した箇所は次のように続くこともできたかもしれない……

2 意味は経験できるか

ソクラテス いや、これは、テアイテトス、上できだった。では、今度は、外国人ではなく、われわれと同じ国に生まれて同じ国で育ったひとが物を言っている場合を考えてみようではないか。この場合、われわれは、そのひとの声の高低を聞いて知っているだけでなく、そのひとが何を言っているのかをも知ってはいないだろうか。

テアイテトス ええ、もちろんです。

ソクラテス われわれが見知っている文字を見ている場合はどうだろう。そのとき、われわれが知っていると言えるのは、文字の形や色だけなのだろうか。

テアイテトス いいえ、私たちは、文字のひとつひとつが何という文字であるかを知っていますし、よほどむずかしい言葉が使われているのではない限り、そうした文字で書かれたものが何を意味しているかをも知っています。

ソクラテス ところで、テアイテトス、きみは、知識は感覚（経験）であって、同じものだと言ったわけだが、そうすると、ひとの言うことを聞いたり、書かれたことを見たりして、それが何を言っているかを知るとき、われわれは何かを感覚（経験）していることになろう。

テアイテトス ええ、そうなります。

ソクラテス　しかし、そのときわれわれが感覚（経験）しているものは、音の高低といった耳で聞くことのできるものだけでもなければ、文字の形や色といった目で見ることのできるものだけでもなく、何か別のものでなくてはなるまい。なぜならば、テアイテトス、きみ自身が先ほど見事に言ってくれたように、音の高低や文字の形や色を感覚して知っていることは、それによって何が言われているかを知るには十分ではないからだ。こうして僕がきみに話しているとき、きみは僕の声の高低や強弱といったことの他に何を感覚（経験）して、そのことのゆえに僕の話がわかるようになるのだろう。

テアイテトス　それはもちろん、ソクラテス、あなたが使っている言葉の意味を知っているからではないでしょうか。

ソクラテス　ほぅほぅ、テアイテトス、きみはまだこうした事柄に慣れていないから仕方がないが、ここは用心のうえにも用心を重ねなければならないところだよ。

テアイテトス　とおっしゃいますと。

ソクラテス　「意味」という言葉は、まさしくメドゥーサの髪さながら、無数の蛇がたがいにからまりあっていて、それを軽々しく口にする者でもいれば、とたんに咬みつこうと待ちかまえているといった態のものなんだ。

テアイテトス　でも、「意味」という言葉は私たちがふだんごくふつうに使っている言葉だと思えますが。

ソクラテス　よろしい。それでは、意味ということについて語ることが本当に無害なことなのかどうか、試してみようではないか。テアイテトス、きみは自分が使っている言葉の意味を知っていると言ったが、言葉の意味とは耳で聞いたり目で見たりすることのできるものかね。

テアイテトス　いいえ、そうとは思えません。

ソクラテス　では、意味に関しては、それを知っているということは、感覚するとか、経験するという具合いには言えないものとはならないかね。しかし、さきにわれわれが同意したことによれば、知識とは感覚あるいは経験のことであった。

テアイテトス　たしかに、意味を感覚すると言うのは変です。でも、いくらかの無理を承知していただければ、意味を経験すると言うことはできそうに思えます。

ソクラテス　ふむ、それは面白い。どういう具合いにするのかね。

テアイテトス　私たちがひとの言葉を理解してその意味を知っていると言えるときには、ふたつの種類の経験が生じているように私には思えます。ひとつは、音を聞くという経験です。これだけでは言葉を理解したことにならないことは無論ですが、この経験がもうひとつの経験を引き起こすことによって私たちは言葉を理解するのだと思います。たとえば、だれかが「ソクラテスがすわっているよ」と言うとします。これによって何が言われたかを理解するということとは、その言葉が、私たちの心のなかに、すわっているあなたの姿を呼び覚ますことによってであると思われます。音を聞くことによって、それにふさわしい像を心に描くことを、意味を経験することと呼ぶのは、それほどまちがっていないのではありませんか。

ソクラテス やあ、これはきみ、屈託しないでよく言ってくれた。だが、きみがいま語ったのは、一方でごく自然な説だが、他方では、容易ならない反論が待ち受けている説でもあるんだ。しかも、きみの説に反対している人々だが、これがまた、容易ならぬ人々でね。ちょっとやそっとのことでは、かれらの言論を打ち負かすことなど期待できそうにない。かれらはじつにさまざまな言論をもってきみの説を攻撃するのだが、手始めにこういうのを考えてみたまえ。きみはいま、僕がすわっているということを言う言葉を取り上げて、すわっている僕の像を心に結ぶことができたなら、それでその言葉を理解することになると言ったね。でも、われわれがこの場でこれまで語ってきた言葉のすべてについて、そうした像があると言えるだろうか。たとえば、いまわれわれが取り上げて吟味している、きみが産み落とした最初の子供だ。「知識とは感覚にほかならない」という言葉を聞いて、いったいどんな像が結ばれようか。

テアイテトス これは参りました、ソクラテス。たしかに、これといった像を思い浮かべることはできません。強いて言えば、それを言い表す文字でしょうか。

ソクラテス だが、ある言葉を言い表す文字を心のなかで像として思い浮かべることができれば、その言葉を理解したことになるのならば、当然われわれは、文字を見るだけでそれによって何が言われているかを理解したことになるのではないか。

テアイテトス　ええ、そうならざるをえません。

ソクラテス　ということは、結局、きみがせっかく守ろうとした区別、つまり、文字に目をやることと、その文字で何が言われているかを理解することのあいだの区別が、またもや失われるということだ。

テアイテトス　残念ですが、あなたのおっしゃる通りです。

ソクラテス　いや、テアイテトス、落胆してはいけない。きみが語った説が多くの人々にとって自然な説だということも事実なのだから、そこにまったく見るべきものがないと結論するのは早とちりというものだろう。いずれにせよ、いまの議論が示したことは、きみの言う意味の経験がもしあるとしても、それは心のなかで像を描くといったたぐいのものである必要はないということだけだ。意味の経験が何か別のものであれば、少なくともこの議論は力を失うだろう。とはいえ、われわれが相手にしている人々が本当に手ごわい言論の使い手だということを片時も忘れてはならない。いまの議論は、かれらにとってはほんの小手しらべでしかない。まるで打ち寄せる波のように次から次と言論を繰り広げることが、かれらにはできるのだから。

テアイテトス　落胆してはいけないとおっしゃいますが、そんな手ごわい相手だと聞いては、私に何ができるでしょう。

ソクラテス　なに、これまでわれわれがやってきたことをするだけのことだ。神の御意があり、われわれがそれだけの男らしさを見せれば、われわれにも何かを見いだすことができよう。

3　言葉は、それに特有の「感じ」をもっている

ソクラテス　たとえば、きみにも覚えがあるだろうと思うが、ある言葉を何回も繰り返し書かされると、そう書いているうちに、その言葉が何かなじみのないものになって、いわば「死んだ」文字の並びにしか見えてこないということがあろう。

テアイテトス　ええ、ひとつの言葉を何度も繰り返し復唱しなければならないときにも、同じことが起こります。

ソクラテス　きみの言うような意味の経験というものがもしもあるとしたら、ここにこそそれが見つかるのではないだろうか。

テアイテトス　ある言葉を繰り返しているうちに、それがただの音の連なりや文字の並びとしてしか経験されなくなったとき、その前と後とでは明らかに違う経験を私たちはもつと思えま

す。つまり、以前は意味の経験が伴っていたのに、それが後では意味の経験抜きの音や文字の感覚だけになるわけですね。ソクラテス、あなたがおっしゃりたいのは、こういうことですか。

ソクラテス　その通り。また、こういう場合も考えてみたまえ。「ある」という言葉がひとつだけ石板に書かれているとしよう。この「ある」を、最初は、「箱のなかに何かがある」の「ある」のような動詞として読み、次には、それを「あるひとが言った」の「ある」のような連体詞として読むとしよう。このとき、ひとは違った経験をもつように思えないかね。しかも、この語は、どちらの読み方でも、読むひとの心に何かの像を呼び起こすようなものではあるまい。

テアイテトス　本当にそうですね。音や文字の感覚としては同一のものが、違って経験されるわけですものね。そして、その経験の違いが、どんな像を心に描くかの違いではないということも、よく納得できます。

ソクラテス　さて、この経験が、心に像が現れて来るようなものではないとすれば、いったい、どういうものだと言ったらよいだろうね。

テアイテトス　私にはうまく言えるとは思えませんが、強いて言えば、言葉に結び付いている何か感じといったものでしょうか。

ソクラテス　言葉はそれぞれ違った感じをもっているというのだね。

テアイテトス　ええ、それより他に言いようがありません。
ソクラテス　その感じとは、たとえば、色を見るときにわれわれが受ける感じとか、音を聞くときにわれわれが受ける感じといったものとは、違った種類の感じなのかね。
テアイテトス　ええ、目や耳を通して私たちが受け取る感じとはまったく違うものだと言わざるをえません。
ソクラテス　きみが言う「意味の経験」とは、そうすると、言葉を見たり聞いたりすることによって、ひとが経験する特別の種類の感じということになる。
テアイテトス　はい、そうなります。
ソクラテス　もういちど確かめるが、それぞれの言葉について、その言葉に結び付いている感じをもつことが、言葉を理解することだと、きみは主張するのだね。
テアイテトス　はい、ソクラテス。
ソクラテス　では、文字の形や音声の高低は知覚しているのに、言葉を理解しないひとは、何が欠けていてそうなるのだろうか。
テアイテトス　それは、そのひとが、言葉にかなった感じをもたないからだと思われます。
ソクラテス　ところで、言葉を理解しないということには、ふたつの種類があるように思うのだが。

テアイテトス　とおっしゃいますのは。

ソクラテス　おっと、これは失敬。何ももったいぶるつもりはなかったのだが。僕の言いたいことは、こういうことだ。われわれは、ある言葉を聞いて、それを理解せず、かつ、自分が理解していないと正しく思うこともあれば、じつは理解していないのに、理解していると誤って思い込んでいることもあろう。

テアイテトス　おっしゃることは、よくわかります。

ソクラテス　ある言葉を理解せず、また、そのことを知っているひとは、きみの説明によれば、その言葉にどんな感じも抱くことはできないということになろう。それに対して、ある言葉をじつは理解していないのに理解していると思っているひとのことは、どのように言ったらいいものだろうか。

テアイテトス　そういうひとは、自分が聞いた言葉にかなった感じではなく、むしろ別の言葉にかなった感じをもっているのだと言うべきでしょう。

ソクラテス　そうすると、言葉を見たり聞いたりすることと結び付いているとされる特別の種類の感じをもつだけでは、言葉を理解するには十分ではないわけだ。そうした特別の種類の感じであっても、そのときに見たり聞いたりしている言葉にふさわしくない感じをもつならば、その言葉を理解していないことになるのだから。

テアイテトス はい、そのように思えます。

ソクラテス さて、テアイテトス、ここでわれわれは守りを固める心準備をしなくてはならないよ。われわれの容易ならぬ相手は、かれらの言論でわれわれを打ち負かそうと、先ほどから手ぐすねを引いていたにちがいない。これ以上、かれらの言論を無視するわけには行くまい。

テアイテトス とおっしゃるのは、いったい、どのような言論のことなのでしょうか。

ソクラテス かれらは、僕にこう尋ねるだろう。――ソクラテス、まったくあきれかえったものだね。きみはいったいどういう了見で、若いテアイテトスが誤った道をまっしぐらに突き進んでいるのを止めようとしないのか。もしもかれの言うように、言葉を理解することがその言葉にふさわしい感じをもつことだとすれば、ひとが言葉を正しく理解しているかどうか、われわれはいったいどうやって知るのかね。たとえば、きみが「知っている」という言葉を口にするとき、きみがその言葉にふさわしい感じをもつかどうか、それぱかりか、そもそもきみが何かの感じをもつかどうか、きみではない私には決して知りえないことだ。それだけではない。ソクラテス、きみ自身、自分が言葉を正しく理解しているかどうか確かめようがないことになる。「知っている」という言葉を見たり聞いたりするときにきみがもつ感じが、その言葉にふさわしい感じであると、どうして言えるのか自問してみるがよい。きみがどういう感じをもつのか私には知りえないのと同様、きみもひとがどういう感じを言葉に結び付けているのか知りえないのだから、結局、ふさわしいと感じられるからふさわしいとしか言いようがあるまい。そして、言葉を誤解しているひとでも、それにふさわしいと感じられる感じをもちうるのだから、言葉を正しく理解していることと、誤解していることとは、たがいに区別がなくなることになろう。——たぶん、こんな具合いに、かれらは言うことだろう。

テアイテトス　ソクラテス、あなたがいま言われたことを私はどこかで耳にしたことがあります。でも、私には、それが一方でもっともらしく思えながらも、いまひとつ、なぜそうなのか得心が行かないのです。

ソクラテス　僕自身がどう思うかを先に言っておこう。じつは、かれらの言うことには一理も二理もあると、僕は認めるんだ。しかし、まず、それがどういう一理や二理なのかをはっきりさせるべきだろう。そのあとで、テアイテトス、きみの説にもしも救えるものがあるならば、それを救うことを試みてみよう。ゼウスに誓って言うが、きみの説に救うべきものがわずかでもあるうちは、僕はきみの説を決して見捨てたりはしない。

かれらは、ふたつのことを言って、ひとつの結論にもって行こうとしているようだ。ふたつのことのうちの第一のものは、きみの説に従えば、きみ以外の他人が言葉を正しく理解しているかどうか言うことができなくなるということで、第二のものは、きみ自身の場合でさえ、言葉を正しく理解しているかどうか言うことができなくなるということだ。テアイテトス、これらふたつのことから出て来るひとつのこととは何だろうか。

テアイテトス ええ、それは、だれについても、そのひとが言葉を正しく理解しているとか誤って理解しているとか言えなくなるということです。

4 他人が言葉を正しく理解しているとどうしてわかるか

ソクラテス よろしい。きみの説が本当にこうした困ったことになるのか調べてみようではないか。まず、これだ。きみの説に従えば、きみ以外の他人が言葉を正しく理解しているかどうか言えなくなるというのは、どういう理由によるとかれらは言うのだろうか。

テアイテトス それは、他人が言葉に対してどんな感じを結び付けているのか私にはわからないということによるようでした。

ソクラテス たしかにかれらの挙げる理由はそういうものだ。しかし、考えてみたまえ。われわれは、他人が文字の形や音声の高低をどのように感覚しているか、知ることができるかね。

テアイテトス できると思えますが。

ソクラテス そうだろうか。たとえば、きみと僕がひとつの文字を見ているとして、きみは、われわれがその文字を同じように感覚していると断言できるかね。

テアイテトス　わかりました、ソクラテス、あなたがおっしゃりたいのは、こういうことですね。あなたがどのような感覚をもとうが、それを知っているのはあなたご自身だけであって、私にはそれを知ることは不可能だということですね。

ソクラテス　その通り。でも、われわれは他人が何を感覚するか本当は知りえないにもかかわらず、たいして不都合を感じてはいないように見えないかね。たとえば、文字の場合だ。文字がどこにあり、それが何という文字であるかについて一致さえしていれば、その文字をそれぞれがどのように感覚していようが、おたがいに話は通じるのではないか。また、ひとの声に関して、きみと僕が実際に聞いている音は似ても似つかないようなものであっても、その声についてきみが「高い」と言い、僕も同じことを言うならば、それで十分ではないだろうか。

テアイテトス　そのように思われます。

ソクラテス　しかし、そう言うことは、何もわれわれが、声を聞いて何も感覚しないということではあるまい。われわれがそれぞれ感覚している何かがあるということはまちがいないのではないかね。

テアイテトス　ええ、そのことを疑うことはできません。

ソクラテス　そうすると、言葉を理解することに関しても同じことが言えないだろうか。

テアイテトス　同じとは、どういうことをおっしゃるのですか、ソクラテス。

ソクラテス　それは、つまり、こういうことだ。それぞれの言葉に関して、きみがどのような感じを結び付けているのか、僕には知りえないとしても、そのことは、われわれのあいだで話を通じさせるには、何のさまたげにもならないのではないだろうか。

考えてもみたまえ。ひとが言葉を理解しているかどうか、われわれはどうやって確かめるだろうか。どんな感じをそのひとが心に抱いているかを知ろうとして、われわれは無駄に終わるはずの努力をするだろうか。

テアイテトス　いいえ、そんなことはしません。

ソクラテス　では、いったい何をするのだろう。

テアイテトス　たとえば、私の朋輩であなたと同名のこのソクラテスですが、かれには、私が聞いたこともないむずかしい言葉を使いたがる癖があるのです。かれはとてもいい奴なのですが、ときにはこの癖がとても鼻につくようなことがあって、そういうとき私は、かれに「ソクラテス、いまきみが言った言葉だけれども、きみは本当にその意味を知って使っているのか、どういう意味なのか僕にもわかるような言葉で説明してくれたまえ」と問いかけます。そこで私に十分得心が行くような説明がすらすら出てくれば、かれがその言葉を理解して使っていることがわかりますし、それとは反対に、かれがしどろもどろになって要領を得ない答えしか返ってこないときには、どこかで聞きかじった言葉を使っているだけなのだなとわかります。ただし、このソクラテスの名誉のために付け加えますが、かれが言葉を理解しないで使っているようなことはまずなくて、だいたいいつもきちんとした説明が返ってきます。

ソクラテス　なるほど。テアイテトス、きみの挙げた例はなかなか面白い。しかも、それだけでなく、大事なことを指摘してもいる。しかし、言葉を覚え始めたばかりの子供が本当に正しく言葉を理解しているのか確かめるということもあろう。こういうときには、説明を求めたりはできまい。そうではないかね。

テアイテトス　ええ、たしかにそうです。

ソクラテス　また、こういうこともある。いずれにせよ、ひとつの言葉を別の言葉で説明するということは無際限にできることではない。もう別の言葉で説明できないような言葉が残ってしまうだろう。そうした言葉は、きみの友達のソクラテスが使いたがるような言葉ではなく、だれもが知っているはずと思われる言葉だろう。そのような言葉をひとが本当に理解しているかどうか、どうやって確かめるのだろうか。

テアイテトス　ソクラテス、あなたのいまの問いに対しては、こう答えましょう。やはり、例でしか答えられないのですが、「あか」「あお」「きいろ」といった言葉を子供が正しく理解しているかどうかは、赤や青や黄といった色をしているものをいくつか用意して、色の名前を言ったときに、その色をしているものを正しく選び出せるかどうかで決めるのだと思います。

ソクラテス　たしかに、「あか」「あお」「きいろ」といった言葉については、それでよかろう。しかし、他の言葉で簡単に説明できないような言葉がみな、そのようなやり方を受け付けるだろうか。僕も例を挙げることにしよう。たとえば、「そして」とか「しかし」とかいった言葉だ。〈そして〉であるものとか、〈しかし〉であるものを、はたして用意できるものだろうか。

テアイテトス　それにはまた別の確かめ方があります。私たちがまだ小さかったときについていた先生が、よく私たちに命じたことですが、「そして」や「しかし」といった言葉を含むような文を作れるかどうかを見ることです。そうした言葉を使っておかしくない文を作ることができれば、その言葉を理解していると言えるのではないでしょうか。

ソクラテス　テアイテトス、きみが僕の質問をさばく仕方はなかなか見事なものだ。この話はもっと続けるべきなのかもしれないが、そろそろ、僕たちの最初の問題に戻ろう。いままでの話からだけでも、他人が言葉を理解しているかどうかを知るためには、その他人がどのような特別の感じを言葉に結び付けているかを知る必要がないということは、十分明らかではないだろうか。

テアイテトス　ええ、私もそう思います。

ソクラテス　ということは、少なくとも当面のところ、他人がどのような感じをもつか知りえないという事実は、きみの説を覆すことにはならないのではないだろうか。

テアイテトス　それならば、うれしいのですが、なぜそうなるのでしょうか。

ソクラテス　ひとそれぞれが言葉を理解する仕方とは言葉に結び付いている特別の感じをもつことだというのが、きみの説だった。

テアイテトス　はい。

ソクラテス　このように考えてみたまえ。つまり、ひとそれぞれについて、そのひと自身が言葉を理解しているかどうかを知る仕方と、そのひと自身ではない他人が言葉を理解しているかどうかを知る仕方とは、まったく異なると考えるのだよ。痛みの場合を考えてみれば、もっとはっきりするだろう。自分が痛みを感じているかどうかを知る仕方と、他人が痛みを感じているかどうかを知る仕方とは、同じだろうか、それとも、違うだろうか。

テアイテトス　それは、明らかに違います。自分の場合は実際に痛みを感じることによって知るのに、他人の場合は、どんなに親しいひとであっても、そのひとの振る舞いや言葉から知る以外にはありません。

ソクラテス　そうだろうとも。そのように考えれば、自分がある言葉を理解しているかどうかを知る仕方と、他人がその同じ言葉を理解しているかどうかを知る仕方とが異なっていても、何も不思議はあるまい。

テアイテトス　まったくその通りです。

5　自分が言葉を正しく理解しているとどうしてわかるか

ソクラテス　だがね、テアイテトス、安心するのはまだ早い。もうひとつの方の言論が手つかずのままになっていることを忘れてはいけない。そして、僕の見るところ、こちらの方がずっと手ごわい言論だし、それだけでなく、こちらの言論に打ち勝つことができなければ、僕たちがいまどうにかこうにか切り抜けたばかりの言論にも降参せざるをえなくなるのだ。

さて、もうひとつの言論とは、次のものだった。すなわち、もしも言葉を理解するということが、きみの言うように、その言葉にふさわしい感じを経験することであるとすれば、そのとき、ひとは自分が言葉をはたして理解しているのかどうか知りえないことになるというのが、それだ。だいたいこういうことだっただろう、テアイテトス。

テアイテトス　はい、そうでした。

ソクラテス　じつのところ、言論好きの人々のあいだでさえ、この言論ほど大きな物議をかもした言論は珍しいのだ。一方では、この言論がしごく当然のことを言ったまでのものだと考える人々がいるかと思えば、他方では、この言論が明々白々な虚偽に導くと考える人々もいる。しかも、先ほどから僕は、「この」言論と言っているが、その通り本当にひとつの言論が問題になっているのか、それとも、ひとつより多くの言論が問題になっているのかですら、にわかには判別しがたいのだ。

だが、これ以上ぐずぐず言うことはやめにして、ともかく、これが正確なところ、どのような言論であるか見極められるかどうか試してみようではないか。とは言っても、はて、どこから手をつけたらよいものか。

テアイテトス　これはまた、ソクラテス、珍しいですね。あなたが、どう話を進めようか迷うなどとは。

ソクラテス　そんなことはないさ。きみは、僕のことを知らないね。いつも僕が、どこにもたどり着かずにひたすら迷うだけだというのは、人々のあいだでは有名なことだ。

さて、話を戻せば、ともかく思いついたところから始めるしかあるまい。僕が思いついた始めというのは、これだ。言葉を理解するということが、その言葉にふさわしい感じをもつことだとしよう。そうすると、僕がある言葉を本当に理解しているかどうか怪しく思えてくるというのは、起こりうることだろうか。もし起こりうるとしたら、それはどのようにして起こるのだろうか。

テアイテトス　私が思いついた答えはこうです。私が、ある言葉を聞いて、ある感じをもったとします。ところが、その感じが私の聞いた言葉にふさわしくないと感じることもありうると思えます。そういうとき、私は自分がその言葉を本当に理解しているのだろうかと怪しむのではないでしょうか。

ソクラテス　なるほど、なかなかいいことを思いついてくれた。きみの言うような仕方で、きみ自身がある言葉を理解しているのかどうか怪しくなってきたとしよう。そうなったら、きみはどうするかね。

テアイテトス　たぶん、言葉をよく知っている年長者に、その言葉の意味は何なのかと尋ねるのではないでしょうか。

ソクラテス　年長者は、どうやってきみの問いに答えるのかね。

テアイテトス　ふつうは、別の言葉を使ってその言葉の意味を説明してくれるのだと思います。また、他の言葉では説明しにくいような言葉ならば、その言葉が指すものの実例を私に見せることによってという場合もありましょう。

ソクラテス　だが、言葉の正しい理解を得ようと思うならば、その影や似姿などではなく、その実物をつかもうとするのが、いちばん手っとり早いのではないかね。

テアイテトス　いったいどういうことでしょうか。

ソクラテス　言葉を正しく理解することが、その言葉にふさわしい感じをもつことであれば、その感じそのものをもつように努めたらよいのではないか。その言葉にふさわしい感じがどのような感じであるかを年長者に尋ねるのが、いちばん的を射ているように思われるのだが。

テアイテトス　私が尋ねた言葉に関して、年長者が自分でそれに結び付けている感じを教えてくれたとしても、それは私の役には立たないように思えます。私が年長者の心を覗きこんでその感じを感じることは不可能なのですから、私が年長者から得るものは、せいぜい、そうした感じを言葉で説明したものだろうと思われます。したがって、それは、そうした感じを知るためには間接的にしか役に立たないでしょう。しかも、問題となっている言葉にふさわしいと年長者が感ずる感じと私が感ずる感じが異なっていることだってあるかもしれません。

ソクラテス　だが、そうすると、年長者がどんなに努力しようとも、ある言葉に対してふさわしい感じというものを、きみの心に生じさせることができないという場合がありえないだろうか。

テアイテトス　たしかに、習ったばかりの新しい言葉はまだ慣れていないので、なかなかそれにふさわしい感じをもてないように感じられますが、その言葉を何度も使って慣れて行くうちに、ふさわしい感じをもつようになると思えます。

ソクラテス　年長者がきみに教えてくれることが、直接、言葉にふさわしい感じを与えてくれるわけではないのだね。

テアイテトス　そうではないと言わざるをえません。

ソクラテス　では、言葉に関して年長者がきみに教えてくれることは、それだけを取れば、何だということになろう。

テアイテトス　その言葉をどう使えばよいかということではないでしょうか。

ソクラテス　そうすると、まとめるとこのようになると思うのだが。つまり、まず言葉の使い方を覚えて、ふさわしい感じというものは、あとからついて来るというのが、きみの言っていることだと。

テアイテトス　はい、いまおっしゃったことが、私の申したいことをよく言い当てていると思えます。

ソクラテス　だが、ある言葉を正しく使えれば、そのうちに、その言葉にふさわしい感じをもてるようになると言うのならば、言葉を正しく使うためには、必ずしも、その言葉にふさわしい感じをもたなくてもよいのではないだろうか。言葉を正しく使えることが先で、ふさわしい感じは後なのだから。

あるいは、こうも言えないだろうか。自分でふさわしいと感じている感じをもちながら、言葉を正しく使っていないということに気付くことは、はたして不可能なのだろうか。もしもふさわしい感じが先で、言葉を正しく使うのが後ならば、これは不可能に思えるのだがね。どうだろう。

テアイテトス　そう言われればそうですね。いくら自分でこの言葉ははっきりわかっているのだと思っていても、まちがっている場合があるということは、否定できません。

ソクラテス　そういうとき、ひとはどうやって自分のまちがいに気付くのだろうか。その言葉にふさわしい感じをもっているとそのひとは強く思っているに違いないのだから、ふさわしいと思われる感じをもたないことによってなのではあるまい。

テアイテトス　それは、自分が他のひとと同じようには言葉を使っていないということに気付くことによってであると思われます。

ソクラテス　自分が他のひとと同じように言葉を使っているかどうかは、何によってわかるのかね。他のひとがその言葉に結びつけている感じを知ることによってではありえないことは、僕たちのあいだですでに一致を見た事柄から出て来るだろうから、それは、何かそうしたこととは別のことでなければなるまい。

テアイテトス　ええ、他のひとがどういう感じを言葉と結びつけているかは、私には知りえないことなのですから、そうしたことによってではありえません。結局、他のひとについて私が知りうることは、そのひとの心のなかで起こっていることではなく、そのひとが言葉を使って何をするかだけではないでしょうか。

6 言葉の理解に「意味の経験」は役割をもたないのか

ソクラテス では、これまでのところ、僕たちがどこまで来たか見てみようではないか。まず、僕たちは、言葉を理解しているかどうかを知る仕方が、自分の場合と他人の場合とで違うと考えようとした。痛みを感じているかどうかを知る仕方が、自分の場合と他人の場合とで異なるのであるから、こう考えるのももっともだと思えた。そうではないか。

テアイテトス はい、そうでした。

ソクラテス 次に僕たちは、他人ではなく、自分が言葉を理解しているかどうかをどうやって確かめられるかということを考えた。そうだね、テアイテトス。

テアイテトス はい。

ソクラテス その結果はどうだっただろうか。結局のところ、自分がどのような感じをもっているかということによっては、自分が言葉を理解しているかどうかを知ることはできず、他人が言葉をどう使っているかを知ることによってのみ、そうできるということになったのではないか。

どうやら、言葉の理解ということが、痛みの場合と同様だと考えた点で僕たちはまちがえたのだと結論せざるをえないようだ。痛みの場合――じつは、こう言うことにすら反対する人々もいるのだが、いまそれは措いておこう――自分が痛みを感じているかどうかは、他人が何を感じるかとか何をするかとは無関係に決められる事柄であるのに対し、自分が言葉を理解しているかどうかは、決して他人が何をするかと無関係には決められない事柄だということになったのだから。

そしてまた、僕たちは、結局、例のもうひとつの言論というものをそれ自体として取り上げることはしなかったが、結論だけを見れば、その言論に導かれたのと同じことになったようだ。ということは、言葉を理解しているかどうかを知る仕方は、自分の場合と他人の場合とで異なるのではなく、じつは、同じなのだと認めることになる。

テアイテトス　ソクラテス、あなたのおっしゃったことのひとつひとつはもっともと思われましたが、それでも、その結論はいまだに容易には信じがたく思われます。

ソクラテス　きみがそう思うのも無理はない。もしこうした結論が正しいのならば、きみが言っていた「意味の経験」といったものは言葉の理解に何の役割も果たさないことになってしまうのだからね。だが他方で、僕たちがそうした経験をもつということは否定できないように思われよう。

テアイテトス ええ、その通りです。

ソクラテス しかし、テアイテトス、きみも言っていたように、「意味の経験」をもつためには、同じ言葉を何度も使ってそれに慣れることが必要だった。そうした慣れ親しんだ感じ以外に「意味の経験」というものはありえないのではないだろうか。だから、ときには、言葉を何不自由なく操ることができながら、言葉に対していっこうに慣れ親しんだ感じをもつことができない人物もいるかもしれない。そうした人物が本当は言葉を理解していないのだと言い切れるものだろうか。

テアイテトス ソクラテス、私にはわかりません。

ソクラテス テアイテトス、じつは僕も同じなんだよ。一方で、そうした人物は僕たちとは違った仕方で言葉を理解していると考えたくなるのだが、他方で、どこが違っているのかと問われると正確に何が違っているのか答えに困ってしまうのだ。

だが、思いがけず、ずいぶんと長い寄り道をしてしまったようだ。知識と感覚とははたして同じものであろうか、それとも異なったものであろうかという、僕たちがそもそも専念していたはずの問いにそろそろ戻ろうではないか。またきみにはこの上とも勢いづいてもらわねばならないのだ。……

後記

容易に推測がつくように、以上の対話は主として、その素材を『哲学探究』のウィトゲンシュタインに求めている。とりわけ、『探究』第二部における「語の意味の経験」についての議論がここでは重要な役割を果たしている。これとはいくらか趣きを異にするが、同様にこの対話の背景をなしているものとしては、クワイン以降の言語哲学のスタンスに反対して、一人称的言語理解の中心性を力説しているサールの論文（John R. Searle, "Indeterminacy, empiricism, and the first person" *The Journal of Philosophy* 84（1987）123-146）、および、サール流の攻撃に対してクワイン（ならびにウィトゲンシュタイン）的観点を擁護しているヒルトンの論文（Peter Hylton, "Translation, meaning, and self-knowledge" *Proceedings of the Aristotelian Society* 91（1990-91）269-290）が挙げられる。さらに付け加えれば、この対話は、拙論「懐疑と意味」（飯田隆・土屋俊編『ウィトゲンシュタイン以後』一九九一年、東京大学出版会、所収）と対をなすものである。

偽テアイテトス——あるいは知識のパラドックス

対話人物

ソクラテス　七十歳くらい。
テオドロス　幾何学者、ソクラテスより年上。
テアイテトス　十代後半の若者。後に幾何学者となり、さまざまな業績を残す。

1 「この文が真であることをだれも知らない」

（冒頭部分欠落）

テアイテトス じつは、ついこのあいだテオドロス先生が出された問題がまだ頭を離れないのです。

ソクラテス ほう、それはいったいどんなものかね、テアイテトス。

テアイテトス それは、ちょっと奇妙な文についての問題なのですが、その文というのは、「この文が真であることをだれも知らない」というものなのです。

ソクラテス ふむ、それはたしかに奇妙な文だ。

テアイテトス テオドロス先生は、私たちに、この文が正しいかどうか考えてみなさいとおっしゃいました。そこで、私は次のように考えました。もしも「この文が真であることをだれも知らない」という文が正しくないとすると、この文が真であることをだれかが知っていることになります。しかし、だれかがこの文が真であることを知っているのならば、この文は真でなくてはなりません。なぜならば、このあいだ知識について私たちが議論したときにも、知られている事柄が真であるということは疑いなく正しいとされていたからです。実際、真でないことを知ることはありえません。つまり、「この文が真であることをだれも知らない」という文が正しくないと仮定すると、逆にこの文が正しくなければならないという結論が出て来ます。ということは、議論の出発点となった仮定が否定されなければならないということ、つまり「この文が真であることをだれも知らない」は正しいということです。

ソクラテス うん、みごとな推理だ。

テアイテトス 私もこの議論を思い付いたときには、すっかり夢中になって、次のようなことまで考えました。「この文が真であることをだれも知らない」という文が、このように必ず正しくなければならないのだから、「だれも知らないことがある」も必ず正しくなければならないはずです。なぜなら、「この文が真であることをだれも知らない」という文は真であるにもかかわらず、そのことについてはだれも知りえないという結論が出て来たのですから。ということは、すべてを知っているようなだれかは存在しえないということです。もっとはっきり言えば、ゼウスですら全知ではありえないということをこの文が証明しているのです。

ソクラテス まことに驚くべきことだね。

テアイテトス ところが、私の熱狂は、テオドロス先生にあることを指摘されたとたんに冷めてしまいました。困惑が熱狂に取って代わったのです。

ソクラテス はて、テオドロスさんは何を指摘されたのだろう。

テアイテトス いましがた述べたような議論を私がテオドロス先生に告げましたら、先生は笑みを浮かべられて、「見事だ、テアイテトス。しかし、きみはひとつ大事なことを見落としてはいないかね」と答えられました。私は、自分の議論に隙があるのかと思って見直してみましたが、隙はどこにもないように思えたので、そのようにテオドロス先生に申しました。すると、テオドロス先生は、次のように言われました。「テアイテトス、きみは、『この文が真であることをだれも知らない』という文が正しくなければならないという見事な証明を与えた。つまり、きみは、『この文が真であることをだれも知らない』を証明したわけだ。しかし、きみが何かを証明したとすると、そのことによって、きみはその何かを知ったことになる。したがって、きみは『この文が真であることをだれも知らない』という文が真であることを知っているわけだ。テアイテトス、きみがこの文が真であることを知っているのならば、この文が真であることをだれも知らないということは正しくない。つまり、きみは、問題の文が真であることを証明することによって、同時に、その当の文が正しくないということを示したことになる」。

ソクラテス　なるほど、きみが困惑するのもよくわかろうというものだ、テアイテトス。僕がまだ若かった頃、偉大なゼノンとさらに偉大なパルメニデスがアテネを訪れたことがあった。とくに、ゼノンは、見事な論理でひとをにっちもさっちもいかない状況に追い込む名人だった。だが、いまは昔話をしているときではなかろう。テオドロスさんの一撃のあと、きみがどうしたかを話してくれたまえ。

テアイテトス　テオドロス先生の指摘は、「この文が真であることをだれも知らない」という文が、私が最初思ったように真であるだけでなく、じつに、同時に偽でもあるということでした。ある文が真であると同時に偽であるということは、そもそもありえないことなのですから、こうした結論に導く議論のどこかに誤りがあるはずだと私は考えました。でも、どこに誤りが隠されているのかまったく見当もつきませんでした。こういう問題については、あなたと同名のソクラテスと議論するのが私の習慣ですので、そのソクラテスにテオドロス先生が出された問題とそれによって引き起こされた私の困惑とを話しました。すると、かれは、前に似たような問題を聞いたことがあると言いました。どういう問題かと私が尋ねると、「この文は真ではない」という文が真か偽か考えてみるとよいとかれは答えました。

ソクラテス　僕もその文のことは聞いたことがある。たしかクレタには、その文を彫った巨大な碑があるという話だ。それは、ゴルゴンのように、その前に立ち止まる者を石に変えてしまうと言うが。

テアイテトス　ゴルゴンというのは言いえて妙ですね。たしかに、「この文は真ではない」が真だとすると、それは偽であることになって、他方、それが偽であるとすると真になってしまいます。真と偽のあいだをいつまでも行き来するだけで、ひとは一歩も進めないわけですものね。でも、あなたと同名のソクラテスによれば、こうした文に頭をわずらわす必要はないという考えが一般的だそうです。それは何もこのたぐいの問題を考えることが役に立たない暇つぶしだと考える人々のあいだでの意見ではなく、むしろ、抽象的な事柄を喜んで何時間でも議論する哲学者たちのあいだでの意見だとも言います。「この文は真ではない」という文が奇妙に思えるのは、この文が、文中でまさにその文自身に言及しているからで、こうした事態は、「自己言及」と呼ばれるのだそうです。そして、「この文は真ではない」といった自己言及を含む文は、そもそも文の形はしていても、じつは無意味だと考えるべきだと言うのです。自己言及を含む文がすべて無意味なのならば、「この文が真であることをだれも知らない」という文も自己言及を含んでいるから無意味だということになります。無意味な文については、真とも偽とも言えないのだから、問題はそもそも生じないわけです。

ソクラテス　テアイテトス、それできみは、僕と同名のソクラテスが言ったような考えに賛成したのかね。

テアイテトス　「自己言及」というのはうまい呼び名ですし、また、そうした自己言及を含んでいる文が奇妙な感じを与えるということも事実です。けれども、自己言及の例としてほかにどのようなものがあるだろうと考えてみると、私たちが別に何の問題も感じないで使っている自己言及の例がたくさんあることに気付きました。たとえば、いまやっているような議論のなかで「この議論」と言ったり、手紙のなかで「この手紙を読んだら、すぐに返事を下さい」と書いたりします。こうした言い回しもまた自己言及を含んでいるから無意味だというのは、無茶としか思えません。

ソクラテス　テアイテトス、きみはテオドロスさんの賛成も得られるみたいだよ。テオドロスさんは、きみの困惑の原因を作った当人だというのに、さっきから何も言わずにこにこしているだけだったが、たったいま、きみの言葉に大きくうなづいたのを僕は見逃さなかったよ。さあ、テオドロスさん、何かおっしゃりたいことがあるとお見受けしましたが。

テオドロス　私のような年寄りをまたあなたの議論に引き込もうとするのですか。でも、まだあなたの有名な「吟味」は始まっていないようですから、いまテアイテトスが言ったことになぜ私がうなづいたのかをお教えしましょう。ただし、それについての問答は、テアイテトスにまかせてくださいよ。

ソクラテス　それはお約束できるかどうか。ともかく、テオドロスさん、なぜあなたがテアイテトスに賛成なさったのかをお聞きしましょう。

2　「自己言及」が問題ではないし、また、それを避けることもできない

テオドロス　自己言及というのはじつはほとんど避けられないということが証明できるのです。私たちの使う言葉が、推論を表現するための言葉、それから、数えたり足したりかけたりといった算術を表現するための言葉を含んでいる限り、自己言及と同じ効果をもつ言い方を作れるのです。これは、私と同じ仲間の数学者が示したことで、その数学者の名前を取って「ゲーデルスの方法」と呼ばれている方法を使えば簡単にできることです。

テアイテトス　ということは、推論したり数を数えたりする限りは、自己言及は避けられず、したがって、自己言及を含む言い回しは全部無意味だとすることは、私たちがふだん何の問題も感じずに使っている簡単な算術すら許されないことになってしまうということですね。

ソクラテス　何とね、テアイテトス。きみは呑込みが早いね。テオドロスさんがきみのことを自慢するのも無理はない。

テアイテトス　でも、テオドロス先生が「簡単にできる」とおっしゃったことがどのようにしたらできるのか、私にはまったく見当もつきませんが。

ソクラテス　これはやはりあなたの御助力をお願いするしかないですね、テオドロスさん。こうした事柄についての心得をもっているひとがいるとすれば、それは、なんといってもあなたをおいてはないのですから。証明できるとあなたがおっしゃったことはじつに驚くべきことのように思えますので、僕もまた、それがどのようになされるのか知りたいということに関しては、ここにいるテアイテトスに引けを取らないつもりです。

テオドロス　そう言われれば、ひきさがるわけにも行かないでしょう。どうせあなたとテアイテトスのふたりにかかっては、とことん説明させるまで私を帰してはくれないでしょうし。

さて、はじめに考えなければならないのは、どのような言葉を使うかです。こうした事柄については、議論の全体を通じてどのような言葉が必要になるかを前もって吟味しておくことが何よりも大事だということは、私たち数学者も一致して認めていることですからね。さいわい、私がテアイテトスに出した問題のためには、ごく少ない数の言葉だけで十分です。まず、「x は y を知っている」という表現が必要です。「x」のところには知る者の名前が、「y」のところにはそれが真であることが知られている文の名前が入るものとしましょう。「でない」「かつ」「すべて」「ある」「同一である」といった論理のための言葉も必要です。あと必要なのは、ごく簡単な算術のための言葉で、「0」と「1」、「+」と「×」があれば十分です。これだけの言葉から作ることのできる文の全体を考えます。こうした文は無数にありますが、そのひとつひとつに名前をつけることができます。そんなにたくさんの名前があるかとおっしゃるでしょうが、それがあるのです。しかも、すぐ目の前にぶらさがっていると言ってもいいのです。数が無数にあることを思い出して下さい。ゲデルスの着想は、各々の文にあるきまった数を割り当てることによって、その数を表す記号をもとの文の名前とするというものでした。「万物は数である」と言ったわれらの偉大なピュタゴラスが思い出されませんか。各々の文Aに対して、このような方法で作られた名前を「[A]」と書くことにしましょう。さっきも言いましたように、[A]はある数で、文Aの「ゲデルス数」と呼ばれます。こうした準備をしたうえでゲデルスが証明したことは、「yはBである」といったどんな表現についても、次のような性質をもつことが証明できる文Gを作れるということです。

$G \leftrightarrow$ [G]はBである

つまり、文Gは、Gそれ自身がBであると言っているにひとしいのです。あなた方は、このことがどのようにして証明できるのか尋ねたくてうずうずしていますね。よろしい、乗りかけた船です。その証明を御披露しましょう……

（原文脱落）

……これが求められていた証明です。私がテアイテトスに出した問題に戻れば、「この文が真であることをだれも知らない」といった文が疑いなく存在することは、いましがた証明した定理からただちに出て来ます。「yをだれも知らない」という表現に、この定理を適用すれば、ある文Sが存在して、それについて、

S ↕ ［S］をだれも知らない

が証明できることになります。Sは、S自身が真であることが「だれからも知られていない」という性質をもつと言っているのですから、Sは、結局、「この文が真であることをだれも知らない」と言っているにひとしいのです。先ほどの証明からもおわかりのように、こうした文Sが存在するということを証明するために必要なものは、ふつうの論理と最低限の算術だけなのですから、テアイテトスの同輩であなたと同名のソクラテスがどこかから聞きつけてきたような考え、自己言及を含む文はどれも無意味だという考えは、哲学者のあいだではいざ知らず、少なくともわれわれ数学者のあいだではまったく人気がありません。

私に言えるのは、ここまでです。あとは、ソクラテス、あなたの領分ですよ。なぜかと言えば、私が本当に知っていると言えることは、数学というごくわずかな領土のうちのことでしかなく、しかも、それが第一義的に知られるべきことであるかどうかもかなり怪しいということを、先日私はあなたから思い知らされましたからね。

ソクラテス　テオドロスさんが言われた最後のことはともかく、テアイテトス、数学というのは何とも見事なものじゃないかね。僕たちは、テオドロスさんの与えてくださった証明について、自分でこれ以上はないというほどに理解できたと思えるようになるまで、まだまだ時間をかけて繰り返し思い出してみる必要があると思う。しかし、テオドロスさんが証明の出発点に立てた原理は、どれについても、まったく疑いなく正しいものであるし、証明のひとつひとつの段階についても、疑いをさしはさむ余地はいささかもないように思われる。

テアイテトス　はい、私にもそう思われました。

ソクラテス　では、もともとの問題に関して僕たちが、いま、どのような状況に置かれているかを考え直してみることにしようではないか。さて、テアイテトス、テオドロスさんが親切にも僕たちに説明してくださった事柄を念頭におくならば、僕たちが置かれている状況とはどのようなものだろう。

テアイテトス　「この文が真であることをだれも知らない」という文が、文の形をもってはいても、じつは無意味だとすると、問題は起こらないのですが、そう考えることはできないということが、いまのテオドロス先生のお話からわかった気がします。でも、テオドロス先生は、ひとつの道が行き止まりであることを教えてくださりはしましたが、どの道を取ったらよいのかまでは教えてくださりませんでした。むしろ、私には、事態は前よりもわるくなったような気がします。以前には、それなりの障害はあろうとも、ひとつの進むべき道があるかのように見えたのですが、いまは、もう、道と呼ばれるようなものはひとつとして見えないのですから。

ソクラテス　いや、テアイテトス、僕たちがある心得さえ忘れなければ、進むべきいかなる道も見えないほどに迷ってしまう心配はないように僕には思われるのだがね。

テアイテトス　あなたのおっしゃるその心得とは、いったい、何のことを指していられるのですか。

ソクラテス　それは、じつに単純と思われることなのだが、先を急ぐあまりに、ひとが、えてして忘れてしまう心得なのだよ。つまり、来た道をいったん引き返してみることが、それなのだ。いかにクレタの迷宮であろうとも、来た道さえわかっていれば、いつかはそこから脱け出ることができよう。もしも来た道のさまざまな特徴を注意深く心にとどめながらそれをたどり直すならば、ふたたび迷宮に入ろうとも、少なくとも前と同じような仕方で迷うことはあるまい。どうだね、テアイテトス、きみが通って来た道をいまいちどたどってみようじゃないか。

テアイテトス　ええ、喜んで。

3　議論をたどり直してみると、四つの道しるべがあることがわかる

ソクラテス　まず、僕たちがいまいると思っている迷宮の入口は何であったかというと、それは、「この文が真であることをだれも知らない」という文であった。もしもこの入口が現実には存在しないものであって、何か単なる言葉によって曇らされた僕たちの心が見させる幻想にすぎないのだとすると、僕たちがそのなかにいると思っている迷宮自体がまやかしにすぎないということになる。だが、テオドロスさんによると、論理や算術もまたまやかしにすぎないと言うのでない限り、この入口が幻想の産物にすぎないと言うことはできない。はたして、論理や算術がまやかしにすぎないと言うことができるだろうか。

テアイテトス　そう言うひとたちがいることは知っています。しかし、私には、そうしたひとたちが言うことの何よりも、論理や算術のほうが信頼できると思われます。

ソクラテス　そうすると、僕たちは、この迷宮と思われるものが、少なくともその入口に関しては実在するものだと結論してよいのだね。

テアイテトス　はい、そのように思われます。

ソクラテス　では、僕たちは、いやしくも迷宮を探検する者ならばだれでもするように、入口のしるしを書き込むことから、迷宮の地図を作ることに取り掛かろうではないか。そのためには、先ほどテオドロスさんが使われた文字をそのまま使うことにしよう。つまり、ある文Sが

あって、それについて、

$S \leftrightarrow$「$[S]$」をだれも知らない

ということが、論理とごく簡単な算術を使うだけで証明できるということを、入口のしるしとして書き込むことにしよう。「「$[S]$」」が文Sの名前であるということを思い出せば、この文が言うところは、「この文が真であることをだれも知らない」というものだったね。

テアイテトス　はい、その通りです。

ソクラテス　テアイテトス、きみがこの文を示されて最初に作った議論をもう一度考えてみよう。きみは次のことを認めることから始めたと僕は思うのだが、どうだろうか。すなわち、もしもだれかが、何かが真であることを知っているならば、その何かは、知られている通りに真でなくてはならない。きみは、これを認めることから始めたのではないだろうか。

テアイテトス　はい、そうです。

ソクラテス　では、これを第一の道しるべとして立てることにし、僕たちの地図には、次のように書き込もう。

(I) どのような文Aについても、次のことが正しい：

任意の者xについて、xが「A」を知っているならば、A。

さて、S、つまり、「この文が真であることをだれも知らない」に対して、いま僕たちが書き込んだ原則を適用すれば、それは、次のものになるということに同意するかね。

(Is) 任意の者xについて、xが「S」を知っているならば、S。

テアイテトス もしもSが文の形をしているだけであってじつは無意味であるならば、同意するのにためらうかもしれませんが、私たちが先に認めたことに従えば、Sが無意味であると考えるべき根拠はないのですから、同意することが唯一の正しい道であるように私には思われます。

ソクラテス 見事な答えだ、テアイテトス。世の中には一歩進んだだけでもう自分が入って来た入口を見失ってしまう者が多いことを考えればね。さて、きみの議論はこうだったのではないだろうか。まず、きみは、もしもSが正しくなかったらどのような帰結に導かれるだろうかと考えた。それは、

Sではない

か。

ソクラテス　ところで、僕たちの地図には、入口のしるしとして何が書き込まれていただろうか。

テアイテトス　はい、その通りです。

と仮定してみることと同じだね。

テアイテトス　「$S \leftrightarrow$［S］をだれも知らない」ということが、論理とごく簡単な算術だけから証明できるということでした。

ソクラテス　そうすると、「Sではない」と仮定することは、何と仮定することと同じことになるだろうか。

テアイテトス　「［S］をだれも知らない」の否定を仮定すること、つまり、「［S］を知っているだれかがいる」と仮定することと同じです。

ソクラテス　うん、上できだ。それじゃ、［S］を知っているだれかがいるのだから、そういうだれかに名前をつけてもかまわないね。

テアイテトス　はい。

ソクラテス　きみには奇妙な名前に聞こえるかもしれないが、このだれかを「c」と名付けよう。cについては、どういうことが言えるだろうか。

テアイテトス　もちろん、cは［S］を知っているということです。

ソクラテス　cが［S］を知っているのならば、今度は、Sについては、何が言えるだろうか。

テアイテトス　ソクラテス、あなたが「第一の道しるべ」と呼ばれた原則から直ちに出て来る事柄、すなわち、「任意の者xについて、xが［S］を知っているならば、S」があり、cが［S］を知っているのですから、Sが正しいということです。そして、Sではないという仮定から、Sだという結論が出て来たのですから、私たちは、この仮定を否定して、Sだと結論しなければなりません。

ソクラテス　そうすると、ふつうの論理とごく簡単な算術を除けば、「第一の道しるべ」――その中味は「知られている事柄は真である」と言い表せよう――だけから、Sという結論が出てきたことになる。このことを

（I）$\top S$

と書き表すことにして、僕たちの作りつつある地図に書き込んでおこう。ここで、「$\top$」とい

う記号は、その下にあるものが、上のものから、ふつうの論理とごく簡単な算術だけで証明できるという意味だということも忘れずにね。ついでにもうひとつ、

$$\top(\mathrm{I})\downarrow S$$

ということも書き込んでおいたらよいと思うのだが、どうだね、賛成かね。これは「⊤」の下にあるものがふつうの論理と簡単な算術だけで証明できるという意味になるが。

テアイテトス　私には同じことのように思えますが。でも、「(I)⊤S」ということが正しいならば、もちろん、「⊤(I)↓S」も正しいはずです。

ソクラテス　ここまでは、テアイテトス、きみが最初に作った議論をたどり直してみたわけだ。これはこれで見事な議論だし、結論の思いがけなさもなかなかのものだ。しかし、それだけならば、それほど困ることもあるまい。そうだね。

テアイテトス　はい、その通りです。本当に困ることになったのは、テオドロス先生が、私の議論が正しいならば、まったく正反対の結論が出て来ると指摘なさったときからです。

ソクラテス　うん、今度は、テオドロスさんの議論を、いまと同じようなやり方でたどり直してみようではないか。その議論は、きみの議論そのものから出て来るように見える。きみは、

あることを証明したわけだが、きみがあることを証明したならば、きみがそのことを知っているというのは疑いようがないのではないかね。

テアイテトス　はい。何かを自分で証明したのに、その証明されたことを知っていないということは、まったくありえないことのように思われます。

ソクラテス　では、第二の道しるべとして、次のことを書き込むことにしよう。すなわち、

(II) 任意の者xについて、xが［A］を証明したのならば、xは［A］を知っている。

さて、きみはまさしく何かを証明したのだが、それは、何であっただろう。

テアイテトス　ソクラテス、あなたがなぜ私には同じこととしか思えないことをわざわざ地図に書き込まれたのか、いまわかりました。私が証明したのは、「(I)→S」ということです。

ソクラテス　そうすると、いま僕たちが第二の道しるべとして書き込んだことから、何が出て来るだろうか。

テアイテトス　「私は［(I)→S］を知っている」ということです。

ソクラテス　ところで、きみは、「知られている事柄は真である」ということを知っているね。それとも、それは単なる思いなしにすぎないのだろうか。

テアイテトス　いいえ、このことを私たちは、単なる思いなしとしてではなく、確固とした知識として知っているように思われます。

ソクラテス　「知られている事柄は真である」というのは、第一の道しるべとして書き込まれたことに他ならない。したがって、第三の道しるべとして書き込まれるべきことは、僕たちが第一の道しるべとして書き込んだことが真であることを知っているということ、もっと簡潔に言えば、

（III）われわれは「（I）」を知っている

ということだ。さて、これで、僕たちは、ふたつのことを知っていることになる。つまり、「（I）ならばS」ということと（I）そのもののふたつだ。このふたつのことを僕たちが知っているならば、僕たちは、さらに第三のことをも知っていないだろうか。

テアイテトス　はい、疑いなく。私たちは、「（I）ならばS」ということと（I）とを知っているのですから、このふたつのことから出て来るSということをも知っています。

ソクラテス　さて、テアイテトス、ここが肝心なところだが、きみのいまの答えは、どのような原則から出て来たものだろう。

テアイテトス　これではどうでしょうか。「ひとが［$A \downarrow B$］と［A］の両方を知っているならば、そのひとは［B］も知っている」と。

ソクラテス　そうすると、きみは、次のような原則が正しいと言うのだね。

(IV)　任意の者xについて、xが［$A \downarrow B$］と［A］の両方を知っているならば、xは［B］を知っている。

テアイテトス　はい。

ソクラテス　では、これを第四の道しるべとして、僕たちの地図に書き込むことにしよう。さて、僕たちは、［$(\mathrm{I}) \downarrow S$］と［$(\mathrm{I})$］の両方を知っている。そうすると、第四の道しるべにしたがって、僕たちは［S］を知っていることになる。そして、ここで思いがけないことが起こるのだ。まず、僕たちが［S］を知っているということは、「だれも［S］を知らない」という文が正しくないとすることではないか。

テアイテトス　はい、その通りです。

ソクラテス　ところが、「だれも［S］を知らない」と言うことは、Sと言うことと同じだったね。

テアイテトス　はい。それは、私たちの作った地図の最初に書き込まれていることです。

ソクラテス　僕たちが［S］を知っている以上、「だれも［S］を知らない」は正しくない。つまり、Sは正しくない。よって、Sの否定 $\neg S$ が正しいことになる。

テアイテトス　はい、そう認めざるをえません。

ソクラテス　そうすると、どういうことになるだろう。僕たちが［S］を知るに至ったのは、第二、第三、第四の道しるべをたどることによってだった。そして、僕たちが［S］を知っているというそのことから、Sの否定 $\neg S$ が出て来たのだ。結局、僕たちのたどった道は、次のように表すことができる。

（II）、（III）、（IV）$\vdash \neg S$

ところが、先に僕たちは、

（I）$\vdash S$

ということを認めた。結局、僕たちは、全部あわせると

(Ⅰ)、(Ⅱ)、(Ⅲ)、(Ⅳ) $\vdash S$ かつ $\neg S$

ということを示したことになる。

テアイテトス ソクラテス、あなたのおっしゃる通りです。

ソクラテス どんな文についても、それ自身とその否定の両方がともに正しいなどということは決してありえない。もしも、そのようなことを認めてしまうならば、そもそも言論というものはありえなくなってしまう。テアイテトス、よもやきみは、このことを否定したりはしないね。

テアイテトス もちろんです。

ソクラテス そうすると、僕たちが取るべき道は明らかになったのではないかね。結局のところ僕たちが示したことは、僕たちの地図に書き込まれた四つの道しるべのうちに、少なくともひとつは正しい道を指していないものがあるということ以外の何だろう。したがって、僕たちがこれからしなければならないことは、これら四つの道しるべをひとつずつ取り上げて吟味し直すということに他ならない。もう一度復習してみよう。第一の道しるべには何と書かれていたかね。

テアイテトス　それは、

（Ⅰ）どのような文Aについても、次のことが正しい：

任意の者xについて、xが［A］を知っているならば、A

でした。

ソクラテス　うん。もっと簡単には、「知られている事柄は真である」と言ってもよいだろう。第二の道しるべには何が書かれていただろう。

テアイテトス　それは、次のものでした。

（Ⅱ）任意の者xについて、xが［A］を証明したのならば、xは［A］を知っている。

ソクラテス　第一の場合と同様に、「何かを証明した者は、その何かを知っている」と言ってもよかろう。では、第三の道しるべには？

テアイテトス　そこには、次のように書かれています。

（III）われわれは［（I）］を知っている。

これは、つまり、私たちが、第一の道しるべに書かれていたこと、「知られている事柄は真である」というそのこと自身が正しいことを知っているということです。

ソクラテス　その通り。最後の道しるべには何と書かれていただろう。

テアイテトス　こうです。

（IV）任意の者xについて、xが［$A \to B$］と［A］の両方を知っているならば、xは［B］を知っている。

ソクラテス　いま復習した四つの原則のうちの少なくともどれかひとつは誤っているということが、僕たちがさっき得た結論だった。

テアイテトス　そうなのですが、私には、この四つのうちのどれひとつとして誤っているとは考えられません。どれを取っても、まったく疑いの余地なく明らかだと私には思われます。

ソクラテス　そこが、こうした問題の厄介なところでね。しかも、ここには、ただ厄介だというだけでは片付けられない事情があるように僕には思われてならないんだ。もしもきみや僕が、言論のために言論を戦わすその道の玄人だったのならば、相手を窮地に追い込むための新しい戦法を体得したと言って喜ぶのだろうが、あいにくと僕たちは、その道に素人であるだけでなく、相手のことよりも自分のことで精一杯というありさまだ。ここは、きみ、腹を決めて、四つの道しるべをひとつひとつ順番に検討してみるよりあるまい。

4　四つの道しるべは、どのひとつもまちがっているとは思えない

テアイテトス　第一の道しるべから始めるとしますと、それは、「ひとが何かを知っているならば、その何かは真である」あるいは「知られている事柄は真である」ということでした。でも、これが正しくないと考えることは、とうていできそうにもありません。もしもこれを認めないとすれば、たとえば、「アンタイオスは自分がヘラクレスよりも強いことを知っていたが、それは正しくなかった」のように言えることになります。しかし、こうした言い方をする者は、みんなから、言葉を知らない者として非難されるでしょう。「アンタイオスがヘラクレスよりも強いということが正しくないのだったら、『アンタイオスはそのことを知っていた』と言うべきではない。『アンタイオスはそう思っていただけで、知っていたのではない』と言うべき

なのだ」と。

ソクラテス　テアイテトス、僕もきみのいま言ったことには賛成したいのだが、世の中には、僕たちが言葉を実際にどう使っているかを根拠にして議論するだけでは、事柄の真相にたどりつくことはできないと考える人々もいるのだ。僕としては、この第一の道しるべに記されているることは、単に僕たちの言葉遣いだけを根拠にするものではなく、容易には動かしがたい真理だと思うのだがね。しかし、「知られている事柄は真である」という原則そのものを否定する人々の言論を相手にすることは、後にまわしてもよいのではないかと僕は思う。もしも他の三つの道しるべのどれかがまちがっていることがわかれば、僕たちの現在陥っている窮境から逃れることは、ともかくもできるのだから。だが、僕はおそれているのだが、もしも他の三つの道しるべがどれも誤りを含んでいないという結論が出てきたときには、それこそ、きみ、僕たちはありったけの勇気をふるいおこしてその帰結を引き受けねばならない。

テアイテトス　ソクラテス、あなたのおっしゃる通りです。

ソクラテス　それでは、第一の道しるべはひとまず脇に置いておいて、第二の道しるべを検討してみることにしよう。何がそこには記されていただろう。

テアイテトス　「任意の者xについて、xが「A」を証明したのならば、xは「A」を知っている」ということでした。

ソクラテス　ここで「証明」というのは、きわめて限定された意味でのものだということに注意しておこうではないか。

テアイテトス　と言いますと?

ソクラテス　この原則が何に対して使われたかというと、それは、先ほど僕たちが用いた記号では、「$\vdash(I)\to S$」と書かれたものであり、ここで「$\vdash$」という記号は、その下にあるものが、ふつうの論理とごく簡単な算術だけで証明されるということだった。つまり、ここで「証明」というのは、論理と簡単な算術しか含まないものなのだ。

テアイテトス　そうすると、私たちの原則は、「論理と簡単な算術だけから証明できる事柄は知ることができる」と言い直してもよいのですね。

ソクラテス　いや、テアイテトス、それはきみにも似合わない早とちりだよ。第二の道しるべが言っていることは、「証明された事柄は、それを証明した者にとって知られている」ということだけであって、「そもそも証明できることは知ることができる」ということではない。

テアイテトス　違いはわかりますが、「そもそも証明できることは知ることができる」という原則もまた、私には正しい原則であるように思えますが。

ソクラテス　じつは、きみ、僕もそう思うんだよ。しかも、僕は、それだけではなく、「そもそも証明できることは実際に知られてもいる」という原則を弁護しようとしたことまである。

しかし、僕たちに正しいと思われるからというだけで、不必要な原則までをも持ち込むことは、かえって道に迷うことにならないだろうか。

テアイテトス たしかに、その通りです。

ソクラテス そうすると、第二の道しるべに書かれていることは、「証明できることは知ることができる」ではなくて、「証明された事柄は、それを証明した者にとって知られている」ということだ。これが疑わしいと思う理由はあるだろうか。

テアイテトス だれも、「だれかが何かを証明したならば、そのだれかは自分が証明したその当のことを知っている」ということを疑うとは思えません。

ソクラテス そうかね。たしかに猜疑心の強い人間にはどこか高貴さが欠けているところがあるが、いま僕たちがかかわっているような事柄については、疑り深いことは美徳のひとつと言ってもいいと僕は思う。どのような疑いも受け付けないということが示されてはじめて、僕たちは確信をもつことができるのだし、僕たちのいまかかわっている事柄については、僕たちが到達できる最大限の確信ですら真理には不十分なのかもしれない。第二の道しるべには、本当に疑う余地はないかね。

テアイテトス だれかが何かを証明したにもかかわらず、その当人が自分が証明をしたということを知っていない場合は、考えられないでしょうか。

ソクラテス　なかなかいいよ。たしかにそうした場合があるならば、第二の道しるべに書かれていたことは正しくないことになる。僕たちはふたつのことを考えねばならない。ひとつは、テアイテトス、きみの言ったような場合が本当にあるのか。もうひとつは、そうした場合が実際に起こりうることで、第二の道しるべがそのままでは正しくないということがわかったならば、僕たちの問題は解決できるのか。さて、だれかが何かを証明したにもかかわらず、その当人が自分が証明を行ったことを知らないという場合があるとしたら、それはどのような場合だろう。

テアイテトス　いま私が思い付いたことはあまりにも突飛なことなので、ソクラテス、あなたに笑われるのではないかと心配なのですが、言ってしまいましょう。テオドロス先生は、つねづね、証明というものは厳密な規則に従ってなされるということを強調されます。もしも証明のために必要な規則を細大漏らさず書き出すことができて、そうした規則の全体を教えられて、それに従うことに熟達した奴隷がいるとします。ただし、この奴隷は、証明というものが何のために行われるものであるのか何の観念ももっていないのです。そもそもかれは、証明に現れる言葉が意味をもつものであるということすら知らないのです。しかし、かれは証明の規則に従うことに見事に熟達しているので、私たちの目から見ると驚嘆に値する証明を次々に生み出すとします。この場合、私たちは、「かれはまた見事な証明を生み出した。しかし、かわいそうに、かれは自分が証明を行ったということを知らないのだ」と言いたくなるのではないでしょうか。

ソクラテス　テアイテトス、きみが生み出すものもなかなか驚嘆に値するよ。それでは、第二の道しるべに書かれていたことはそのままでは正しくないということを認めよう。しかし、僕がさっき言ったように、考えるべきことはもうひとつある。つまり、これで僕たちの問題の解決になるかということだ。そして、残念ながらそうはならないというのが、僕の意見なのだ。もしも、きみの言うように、だれかが何かを証明したにもかかわらず、その当人が自分が行ったことが証明であるとは知らないという場合があるとすれば、僕たちは第二の道しるべをもう少し用心深く書き直せばよいのではないだろうか。

テアイテトス　どのようにですか。

ソクラテス　次のようにだ。

（IIa）任意の者 x について、x が［A］を証明し、かつ、x が自分が行ったことが証明であると承知しているならば、x は［A］を知っている。

そうすると、僕たちの問題はまだ立ち去っていないことがわかる。テアイテトス、きみは、第一の道しるべから「この文が真であることをだれも知らない」が真であること、つまり、「(I)→S」を証明したのだったね。

テアイテトス　はい。

ソクラテス　そうすると、きみは、自分が何を証明しているかも、また、自分がしていることが証明であることも知らない奴隷とは違うということになる。つまり、きみは「(I)→S」を証明したことを認めるのだから、自分でそのような証明をしたことを知っているわけだ。

テアイテトス　はい、疑いなく。

ソクラテス　そうすると、きみは、用心深く書き直された第二の道しるべに述べられている条件を満足するのだから、(IIa)に従って、きみは「(I)→S」を知っていることになる。

テアイテトス　つまり、そこから依然として「Sでない」という結論が出て来て、私たちのおかれている状況は前と変わらないということですね。

ソクラテス　その通り。そして、このように用心深く書き直された第二の道しるべを疑う材料が何かあるだろうか。

テアイテトス　ソクラテス、疑り深くなれというあなたのご忠告に従ったとしても、ここに疑いの種を見つけることは、だれにとっても不可能だと思われます。

ソクラテス　そうすると、第二の道しるべは結局正しかったというわけになる。

テアイテトス　はい、そう思えます。

ソクラテス　それでは、順序は違うが、第四の道しるべを検討することにしよう。そうするのがよいと僕が思う理由は、ここでも、証明に関連することが問題になっているからだが、テアイテトス、きみに不都合はないかね。

テアイテトス　ソクラテス、あなたのおっしゃる通りに進むことに私は何も不満がありません。

ソクラテス　では、第四の道しるべに何が書かれていたかを思い出させてくれたまえ。

テアイテトス　『『AならばB』とAとの双方を知っている者は、Bを知っている』ということが、そこに書かれていたことです。

ソクラテス　どうだろう、これは正しいだろうか。

テアイテトス　どうして正しくないわけがありましょう。「AならばB」とAの双方を知っている者は、当然Bをも知っているはずです。

ソクラテス　ふむ。きみがひとのことをできるだけよく考えようというのは見上げた心がけだが、きみは、はたして、次のようなひとに出会ったことはないだろうか。そういうひとは、「AならばB」とAの両方を知っているのに、そこから結論を引き出すことをしないでいるのだ。たとえば、「自分が人間であるのならば、自分はいつかは死ぬ」ということと「自分が人間である」ということをよくよく知っているのに、そのふたつの前提から「自分はいつかは死ぬ」という結論を引き出さないのだ。こうしたひとは、「AならばB」とAの両方を知っているにもかかわらず、そのふたつから出て来るBを知っているとは言えないのではないかね。

テアイテトス　たしかに私がうかつでした。おっしゃることはもっともです。私自身についても、「AならばB」とAの両方を知っていながら、ふたつをあわせて考えてみることをしないためにBという結論を出さないということはたくさんあるように思います。では、解答はここにあるのですね。第四の道しるべがまちがいだったのですね。

ソクラテス　テアイテトス、まことに残念だが、そうは行かないよ。第四の道しるべが僕たちの地図のなかでどこに位置していたかを思い出してみたまえ。それは、第二の道しるべにしたがって「(I) ならばS」を僕たちが知り、さらに第三の道しるべにしたがって (I) を僕たちが知ったあとで、出て来たものだ。「AならばB」とAの両方を知っているならば、必ずBをも知っているということが、どのような場合についても成り立つわけではないとしても、僕たちの場合については、僕たちは「(I) ならばS」と (I) の両方をそれぞれ知っているだけではなく、その両方をあわせて考えたのでもないか。そして、ふたつの前提からSという結論を十分考えたうえで引き出したのではないか。これだけのことをしておきながら、僕たちがまだその結論を知らないなどということがありうるだろうか。

テアイテトス　いいえ、とうていそうとは思えません。

ソクラテス　そうすると、第四の道しるべとして僕たちが書き込んだことは、それだけでは疑いの余地があるとしても、第二の道しるべの場合に僕たちが払ったのと同じような用心を払いさえすれば、結局は、前と同じ道をたどらざるをえないということにならないだろうか。

テアイテトス　では、第四の道しるべは、どのように書き直されるのでしょうか。

ソクラテス　こんなもので、どうだろう。

(IVa) 任意の者 x について、x が［$A \to B$］と［A］の両方を知っており、かつ、x がこのふたつの前提から［B］という結論を引き出すならば、x は［B］を知っている。

テアイテトス　たしかに、このように書き直されるならば、第四の道しるべが正しいことはまったく疑いないと思われます。しかし、私は先ほどから気になっているのですが、ソクラテス、あなたは、しばらく前に、「そもそも証明できることは実際に知られてもいる」ということを弁護されたことがあるとおっしゃいましたね。もしもこうした原則を正しいと弁護することが可能ならば、B は「A ならば B」と A から証明できるのですから、ふたつの前提を知っている者は、そのことだけで、実際に結論を引き出すことをしなくとも、B を知っているということになりませんか。つまり、第四の道しるべはもとのままで正しいということになってしまわないでしょうか。

ソクラテス　いや、鋭いものだね、テアイテトス。これは、正直に手の内を明かすべきだろう。じつは、僕は、テオドロスさんがきみに出した問題が僕自身にとっても容易ならないものであることに、ようやく気付き出したところなのだ。たしかに、僕はかつて、「そもそも証明できる事柄は、実際に知られてもいる」という原則を弁護しようとしたことがある。そのとき僕は、ほぼ次のように考えた。テアイテトス、きみも知っているように、数や形について何かを証明するとき、僕たちは、何か僕たちの外から証明に必要なものをもってくるのではない。証明に必要なものは、いわば、すべて僕たちのなかから取り出されてくるのだ。このことは、僕には、証明するということが思い出すことに他ならないという結論に導くように思われた。ところが、何かを思い出すことができるということは、第一に、その何かをかつて知っていたということだ。しかも、何かを思い出すことができるということは、その何かをかつて知識としてもったことがあるというだけでなく、その何かをそのままもち続けていたということの証拠ではあるまいか。したがって、そもそも証明できることは、実際に知られてもいるのだ、と。しかし、この議論がはたして正しかったのか、いまの僕には確信がない。もしも「そもそも証明できる事柄は、実際に知られてもいる」という原則を正しいと認めるならば、そこから、第二の道しるべに書かれていることも、第四の道しるべに書かれていることも出て来ざるをえない。第四の道しるべについては、テアイテトス、きみが言った通りだし、第二の道しるべについては、次のように考えればよい。すなわち、証明された事柄は、当然、証明できる事柄でもある。したがって、証明できる事柄が実際に知られてもいるとすれば、証明された事柄が実際に知られていることはもちろん正しいということになる。つまり、(II)――あるいは(IIa)――と(IV)――あるいは(IVa)――というふたつの原則の代わりに、

(V) 任意の者xについて、[A]が証明可能ならば、xは[A]を知っている

を認めてしまえば、これから、(II)――あるいは(IIa)――と(IV)――あるいは(IVa)――の両方が出て来るのだから、

(I)、(III)、(V) $\vdash S$かつ$\neg S$

となる。だからね、テアイテトス、もしも僕がきみの議論をこの形で組み立て直していたとすると、すぐに返って来ると思われる答えは、僕が昔弁護しようとした原則(V)がまちがっているというものになろう。もしも事の真相が本当にそれだけのことならば、哀れなソクラテス

がまた誤りを犯したというだけのことで済むだろう。だが、僕は考えた。「ソクラテス、おまえが（V）という原則を弁護しようとしたのは、たしかに勇み足だったかもしれない。しかし、この原則を拒否するだけで、問題は本当に消えてしまうだろうか。（V）とは違って、だれもがいやおうなしに認めると思われる原則だけから、同じように困った結論が出てこないだろうか」とね。

テアイテトス　それで、（V）の代わりに、（II）と（IV）を使って議論を組み立て直されたのですね。ソクラテス、本当にあなたには驚かされます。私があなたに私の困惑についてお話ししていたその短いあいだに、これだけのことを見越しておられたのですから。

ソクラテス　いやいや、僕など、こうした事柄に関する達人のあいだでは、物の数にも入らないよ。それよりも、僕たちの状況がいまどうなっているのかを見直しておこう。四つの道しるべのうちのふたつを僕たちは検討したわけだが、そのふたつに関しては、そのままの形では疑いをさしはさむ余地があるということになった。しかし、もとの議論の結論を変えずに、このふたつを用心深く書き直せることがわかった。その結果、僕たちがいま相手にしている議論は、

（I）、（IIa）、（III）、（IVa）$\vdash$ Sかつ$\neg S$

ということになる。そして、新しく書き直された（IIa）（IVa）は、それぞれ次のものだ。

（IIa）任意の者xについて、xが［A］を証明し、かつ、xが自分が行ったことが証明であると承知しているならば、xは［A］を知っている。

（IVa）任意の者xについて、xが［$A \to B$］と［A］の両方を知っており、かつ、xがこのふたつの前提から［B］という結論を引き出すならば、xは［B］を知っている。

テアイテトス、もう一度、このふたつを調べてみたまえ。どこか疑いをさしはさむ余地が少しでも残っていないかね。

テアイテトス　まったくどこにもないと思われます。

ソクラテス　どうも、僕はいやな予感がしてきたよ。第二の道しるべと第四の道しるべのどちらにも疑いをさしはさむ余地がないとすると、僕たちは、いやでも残りふたつの道しるべに向かわねばならない。「知られている事柄は真である」という第一の道しるべは後回しにしたのだが、これは、第三の道しるべと切り離せないもののように思われる。何しろ、第三の道しるべに書かれていることは、第一の道しるべに書かれていることが正しいと僕たちが知っているということなのだからね。第一の道しるべはそのままにしておいて、第三の道しるべに従わないなどということができるものだろうか。

5　テオドロスがゲデルスのもうひとつの結果を披露する

テオドロス　ソクラテス、私は先ほどからあなたの議論をまことに興味深く拝聴しておりましたが、ひとこと言わせていただいてもよろしいですか。

ソクラテス　テオドロスさん、あなたのおっしゃることなら何なりと喜んで聞かせていただきましょう。ここにいるテアイテトスも同じ意見でしょう。

テアイテトス　はい、もちろんです。

テオドロス　「知られている事柄は真である」ということを認めて、なおかつ「知られている事柄が真であるということは知られている」を認めないことは果して可能かという、あなたの問いから、私はひとつ思い出したことがあります。「知られている事柄は真である」ということを認めるならば、知られている事柄の全体はたがいに矛盾しないということも認められますね。あなた方論理家の流儀で言えば、

（Cons）任意の文A、任意の者xについて、
xが［A］を知っていて、かつ、xが［$\neg A$］を知っているということはない

となるでしょうし、もっとわかりやすい言い方では、「われわれが知っている事柄のなかに矛盾はない」とでもなりましょう。どうだろう、テアイテトス、私の言っていることはまちがっているだろうか。

テアイテトス　xがAを知っているならば、Aが正しいし、なおかつ、xがAの否定をも知っているとするならば、Aの否定も正しい。ところが、AとAの否定の両方が正しいことはありえません。そうです、私には、テオドロス先生のおっしゃる通りと思われます。

テオドロス　つまり、いま私が述べた原則は、第一の道しるべ（I）からの帰結なわけです。ソクラテス、あなたがごくごく注意深く述べ直された原則（IVa）に従っても、われわれが（I）を知っているならば、われわれは（Cons）をも知っているということになりますね。

テアイテトス　「（I）ならば（Cons）」ということを私たちは知っているわけですし、私たちが（I）を知っているという仮定のもとで、「（I）ならば（Cons）」、かつ、（I）、よって（Cons）」という推論を行うならば、もちろん、私たちは（Cons）を知っていることになります。

テオドロス そうすると、どうなりますかな。第三の道しるべが述べていることは、われわれが（Ｉ）を知っているということでしたね。第三の道しるべが正しいとすると、いま、テアイテトスが言ったように、次のこともまた正しいと認めなければなりますまい。

（Ｃｏｎｓ2）われわれは［（Ｃｏｎｓ）］を知っている。

つまり、われわれが知っている事柄のなかに矛盾がないということをもまた、われわれは知っているということをです。

テアイテトス ええ、そのように思われます。

テオドロス 私が思い出したことというのは、例のゲデルスが発見したもうひとつのことなのです。ただし、かれが問題にしたのは、「知っている」ということではなく、「証明できる」ということなのですが、かれの得た結果は、（Ｃｏｎｓ）が正しければ（Ｃｏｎｓ2）は正しくないという具合いに解釈できると思われるのです。「知られている事柄のなかに矛盾はない」と「知られている事柄のなかに矛盾がないことが知られている」という、いま述べたばかりのふたつの原則の「知られている」を「証明できる」に置き換えてごらんなさい。そうすると、「証明できる事柄のなかに矛盾はない」と「証明できる事柄のなかに矛盾がないことが証明できる」になりましょう。ゲデルスが発見したこととは、前者が正しければ、後者は正しくないということなのです。つまり、証明できる事柄の全体がたがいに矛盾するものでないならば、このように矛盾しないというそのこと自体は証明不可能なのです。さらに、第一の道しるべと第三の道しるべについても、「知られている」を「証明できる」に置き換えてみてください。第一の道しるべが「証明できる事柄は真である」となり、第三の道しるべが「証明できる事柄が真であることが証明できる」となることは容易にわかりましょう。

テアイテトス　はい。

テオドロス　どうです、これは、われわれが問題としていることと、じつによく似ていませんか。「証明できる事柄は真である」が正しければ、「証明できる事柄のなかに矛盾はない」は正しく、「証明できる事柄が真であることが証明できる」が正しければ、「証明できる事柄のなかに矛盾がないことが証明できる」も正しい。ところが、ゲデルスによれば、証明できる事柄のなかに矛盾がないならば、このこと自体は証明できないのです。どういう結論が引き出されるべきかは明らかではありませんか。「証明できる事柄は真である」が正しければ「証明できる事柄が真であることは証明できる」は逆に正しくないと結論せざるをえないように、われわれは、「知られている事柄は真である」が正しければ、「知られている事柄が真であるということが知られている」が逆に正しくないと結論せざるをえないのではないでしょうか。

ソクラテス　テオドロス、申し訳ないが、あなたはじつにたくさんのことを一息でおっしゃったので、僕にはまだあなたのおっしゃりたいことの全体がよくわからないのです。まず、ひとつお聞きしたいが、あなたは、「知られている」の代わりに「証明できる」を問題とすべきこと、そして、(I) を

[A] が証明できるならば A

(III) を

「[A] が証明できるならば A」は証明できる

と読むべきことを提案されているのですか。

テオドロス　ええ、そのように言ってもいいでしょう。そして、大事なことは、ゲデルスが得た結果から出て来ることでして、それは、前者が正しければ後者は正しくないということなのです。

テアイテトス　口をはさむようで心苦しいのですが、ひとつだけお聞きしてよろしいですか。

ソクラテス　僕はかまわないよ。テオドロスさんだって同様だろう。

テオドロス　もちろん。テアイテトス、きみが聞きたいこととは何かね。

テアイテトス　「Aが証明できるならばAは真である」というのは、「証明」という言葉の意味から言って明らかであるように私には思われるのですが。何か真でないことを証明したと言っているひとがいるとき、私たちは、そのひとが証明を行ったということを認めるでしょうか。私たちは、「いや、あのひとは証明したわけではない。なぜならば、あのひとの証明の結論は偽なのだから」と言うのではありませんか。そして、「Aが証明できるならばAは真である」ということが、このように証明という事柄の本質から出て来ることであるのならば、どうして、このこと自体が証明できないことであるのか、私には理解できないのですが。

テオドロス　おや、これは、私がうっかりしていた。私の言う「証明」とは、もっとも厳密な意味での証明のことなのだ。

テアイテトス　と言いますと?

テオドロス　テアイテトス、きみは先ほど、証明のための規則に従うことはできるが、そこに現れる言葉の意味をまったく知らない奴隷というたとえを持ち出したね。私の言う「もっとも厳密な意味での証明」というのは、まさに、こうした奴隷仕事のことなのだ。つまり、証明のために必要な規則が前もって完璧に書き出されていて、しかも、その規則に従うためには、意味などというものを知っている必要がいっさいなく、ただ、この記号とあの記号とは違うとか同じであるといったたぐいのことさえ知っていれば十分といったものが、そうなのだ。

テアイテトス　私のは、ただの思い付きだったのですが、それにしても、どんな証明に関してもそれに必要なだけの規則をすべて完璧に書き出すなどということが本当にできるのですか。

テオドロス　まさしくそこが問題なのだよ、テアイテトス。証明のためにこれだけあれば十分と思われるような規則を用意するとして、その規則の全体をΣと呼ぶことにしよう。Σに属する規則に従って証明できる事柄の全体がたがいに矛盾しないということは、ぜひとも必要なことだ。ところが、ゲデルスが発見したことは、実際にΣから矛盾が出てこないのならば、このこと自身はΣに属する規則だけからは証明できないということなのだ。

テアイテトス　でも、それは、Σで十分だと思ったのがまちがっていたので、Σにさらに規則を増やしてやればよいのではないですか。

テオドロス　待ってましたと言いたくなるような反問だね。Σに新しい規則を付け加えて、その全体をΣ′としよう。Σ′に属する規則によって、もとのΣが矛盾を含んでいないということは証明できるかもしれない。しかし、今度は、Σ′自身が矛盾を含んでいないということが、Σ′に属する規則だけでは証明できなくなるのだよ。

テアイテトス　なるほど。いくら規則を増やして行っても、その都度、証明できないことが新しく出て来るわけですね。しかし、こうしたことが先ほどからの問題とどのように関係するのか、私にはまだ見当がつかないのですが。

テオドロス　このように考えてみたらどうだろう。厳密な意味で証明できる事柄とは、必ず、ある決まった規則の集まりから証明できるものでなくてはならない。そうした規則の集まりΣについては、

（1）「A」がΣによって証明できるならば、A

が成り立っている必要がある。なぜかと言えば、誤った結論に導くような規則はそもそも証明の役には立たないのだから。（1）が正しければ、

（Cons_{Σ}）「A」と「$\neg A$」の両方がΣによって証明できるということはない

も正しい。ところで、（1）がΣそのものによって証明できる、すなわち、

（3）「「A」がΣによって証明できるならば、A」は、Σによって証明できる

が正しければ、

（Cons2$_\Sigma$）「⌜A⌝と⌜$\neg A$⌝の両方がΣによって証明できるということはない」は、Σによって証明できる

も正しい。ところが、ゲデルスによれば、どのようなΣに関しても、それがごく簡単な算術さえままにならないほど貧弱なものでない限り、（Cons$_\Sigma$）が正しければ、（Cons2$_\Sigma$）は正しくない。さて、テアイテトス、これ全体からどのような結論が出て来るだろう。

テアイテトス　「（1）ならば（Cons$_\Sigma$）」、「（3）ならば（Cons2$_\Sigma$）」、そして「（Cons$_\Sigma$）ならば（Cons2$_\Sigma$）ではない」の三つが正しいのですね。ちょっと考えさせてください。そうか。（1）ならば、（Cons$_\Sigma$）、よって、（Cons2$_\Sigma$）ではない、よって、（3）ではない。わかりました。（1）が正しければ（3）が正しくないということですね。

テオドロス　その通り。ところで、ソクラテス、（1）と（3）は、それぞれ、第一の道しるべと第三の道しるべに書かれている事柄とじつによく対応していませんか。だから、私はさっき、われわれが第一の道しるべ

(I)xが[A]を知っているならば、Aを認めるならば、まさにそのゆえに、第三の道しるべ

(III)「xが[A]を知っているならば、A」をxは知っている

をわれわれは認めるべきではないと言ったのです。

ソクラテス はて、やはり僕は、若いテアイテトスほどには呑込みが早くないと見える。何しろ、テオドロス、あなたは、僕には追いつけないほどの早さで、「知っている」の話から「証明できる」の話へ、さらに、限定ぬきの「証明できる」の話から限定つきの「証明できる」の話へと進むのですからね。そんなわけで、僕はせっかくのあなたのお話を全部理解できたなどとは、とうてい言えないのだけれども、ひとつ疑問に思ったことがあるのです。

テオドロス それは、何についてでしょうか。

ソクラテス テオドロス、あなたのおっしゃる証明の規則を書き出したものですが、それはただひとつしかありえないのですか。それとも、さまざまにありうるものなのですか。

テオドロス　ただひとつではありえません。さまざまにありうるものです。

ソクラテス　そうしたさまざまなものは、規則の集まりでさえあれば、どのようなものでもよいのですか。

テオドロス　いいえ、そんなことはありません。規則の集まりというものはどれも、われわれ死すべき人間が作るものですから、残念ながら、なかには誤った結果に導く規則が含まれているものもあるでしょう。

ソクラテス　そうすると、いま証明の規則の集まりΣというものがあったとして、Σが誤った結果に導くことはない、すなわち、テオドロス、あなたが

（1）「A」がΣによって証明できるならば、A

という具合いに述べられたことが成り立たない場合も当然あるのですね。

テオドロス　ええ、当然あるでしょう。

ソクラテス　つまり、（1）は必ず正しいというものではないですね。

テオドロス　ええ。

ソクラテス　そうすると、（1）が正しいかどうかは、さまざまなΣの各々について確かめて

みる必要があるのですね。

テオドロス　そうです。

ソクラテス　テオドロス、あなたは、（1）を第一の道しるべ

（I）xが［A］を知っているならば、A

と似たものとお考えのようですが、この（I）は、成り立つ時もあれば、成り立たない時もあるといったものでしょうか。

テオドロス　ソクラテス、あなたがどこに向かっているのかわかってきましたよ。なるほど、（I）は、xがどのような人物を指すかによって正しかったり正しくなかったりするものではない。

ソクラテス　もしも（I）ではなく、

（＊）xが「自分は［A］を知っている」と言うならば、A

が問題ならば話は違いますよね。神を敬う者ならば、（＊）は、xが神ならば正しいが、xが

人間ならば正しくないと言うと思いますよ。でも、（I）は、神ならぬ身のわれわれが不可謬だなどという不遜なことを言っているわけではありますまい。

テオドロス　とんでもない。（I）は、（＊）とはまるっきり違うことです。

ソクラテス　そうですよね。ところが、テオドロス、あなたが（I）と似ているとおっしゃった（1）は、僕には、むしろ（＊）の方に似ているような気がするのです。というのも、（1）が言っていることは、いわば、次のように言い換えられると思うのです。

（1′）Σが「自分は［A］を証明できる」と言うならば、A。

これは、不遜とまで言わなくとも、かなり大胆な主張ではないでしょうか。というのも、（＊）が正しいかどうかが、神の場合と人間の場合とで違うのと同様、（1′）が正しいかどうかは、どのようなΣが問題になっているかによって違うのですからね。たしかに、テオドロス、あなたが教えてくださったゲデルスの結果というのは、意表を突くものでした。Σが「自分は正しい」と言うとたんに、Σ自身が正しくないことが露呈してしまうというのはね。

テオドロス　なるほど、そういう具合いに考えてみたことはなかったが、そう言うこともできるかもしれない。

6　ソクラテスが議論の続きを約束する

ソクラテス　ゲデルスの結果はたしかに思いがけないものだと僕だって思います。でも、それが、あなたが言われるほど、僕たちの議論のいまの局面に関係しているとは思えないのです。もう一度、第一の道しるべに戻りましょう。そこで言われていたことは、ただ、「知られている事柄は真である」という、ごくごく単純なことなのですよ。さっきも、ここにいるテアイテトスが言いかけたように、それは、「知っている」という言葉を使える者ならばだれもが、まさに、知っていることなのです。それは、何も、「知っていると私が言うことは正しい」といった不遜な主張ではないのです。そもそも「知っている」とか「知識」といった言い方をすべて捨て去るのではない限り、「知られている事柄は真である」という第一の道しるべに記されていることを知らないでいるということは、僕には不可能だと思われるのです。ということは、やはり、第一の道しるべが正しいと考える限り、第三の道しるべもまた正しいと考えざるをえないと僕には思われるのです。

テオドロス　しかし、ソクラテス、そうすることは、すべての退路をふさいでしまうことではないですか。

ソクラテス いいえ、必ずしもそうではないかもしれませんよ。でも、ほぼそれに近いことになってきたようです。先ほどから僕が内心おそれていたことが現実になってしまいました。結局、僕たちは、第一の道しるべ「知られている事柄は真である」まで戻らなければならないようです。

テアイテトス しかし、どうやって、これほどに自明なことを否定できるのです？「知る」という言葉を使える者ならば、だれでもこのことを認めざるをえないではないですか。

ソクラテス テアイテトス、きみが思わずそう叫びたくなる気持ちもわからなくはない。だが、きみはテオドロスさんから次のような人々のことについて聞いたことがないだろうか。そうした人々は、僕たちの使っている言葉が実際にどのような使われ方をしているのかには、たいして重きを置かないのだ。何と言っても、言葉を「正しく」使うということは、僕たちのあいだで育った者ならば、みんなの同情の的となるような僅かの例外を除けば、だれでもできることなのだ。だが、いま話題にしているような人々は、みんなが認めている「正しい」使い方があるということと、そもそも言葉として「正しい」ということとは違うと主張する。僕たちが使っている言葉のなかには、本来使うべきではなかったような言葉があるというのが、こうした人々の主張なのだ。ここで「使うべきでない」というのは、そうした言葉を使うことが、使うひとの品性を疑わせたり、ある特定の人々を傷つけたりするから使ってはいけないといったことではない。「正しくない」言葉とは、そもそもありえないものを指す言葉、事柄の実状とはまったくかけはなれた思い込みに人々を誘うような言葉のことだと言うのだ。そして、こう言う人々のなかには、「知っている」とか「知識」といった言葉が、まさにこうした言葉なのだと言うひともいるのだ。

テアイテトス　そうしたひとは、いったい、どんな理由で、そう言うのでしょうか。

ソクラテス　その答えは、本当は、テオドロスさんに聞くのがいちばんよいのだが。どうです、テオドロス、私は、あなたのお仲間の何人かのことを言っているつもりなのですよ。

テオドロス　たしかに、私の知り合いのなかには、知識というものはそもそも到達不可能なものなのだから、「知識」といい、「知っている」といっても、どちらも意味をもたない音にすぎないという説を立てる者がいます。しかし、ソクラテス、ここではっきりさせておきたいが、私はそうしたひとたちに賛成したことはないし、これからも賛成するつもりはない。とはいうものの、私は、かれらを論破するだけの根拠があってそうしているわけではないので、ソクラテス、あなたがかれらの説についてどう考えられるのか、ぜひともお聞きしたいものですな。

テアイテトス　ええ、ぜひとも。ソクラテス、私からもお願いします。

ソクラテス　でも、みなさん、もう夜もふけてきました。話の続きはまた今度ということにいたしませんか。なにしろ、僕は、明日の朝早く、また、バシレウスの役所に出頭しなければならないのですからね。では、今度僕たちが出会うときには、忘れずに、僕たちが今夜たどり着いたところから話を続けることにいたしましょう。

後記

テオドロスがテアイテトスに出した問題は、二十世紀後半において「知者のパラドックス the Paradox of the Knower」という名称で知られるようになったものである（「知者」という訳語はおそらく適切ではないだろうが）。このパラドックスは、「不意打ち試験のパラドックス」あるいは（さらにグロテスクな形では）「絞首刑のパラドックス」などと呼ばれているパラドックスと密接な関連をもっている。後者が単なる頭の体操以上のものであって、ゲーデルの不完全性定理とも関連することを初めて指摘したのは、モンタギューとカプランである（以下の文献表を参照）。

この対話篇を捏造するにあたって、以下に列記した文献の他に、田中美知太郎訳『テアイテトス』（岩波文庫）を参考にした。また、本文の校閲（？）に際しては、高橋久一郎氏にお世話になった。もちろん、責任はひとえに私にある。

参考文献

Anderson, C. A. [1983]: "The paradox of the knower" *The Journal of Philosophy* 80: 338-355.

Montague, R. [1963]: "Syntactical treatments of modality" *Acta Philosophica Fennica* 16: 153-167. [Reprinted in R. Montague, *Formal Philosophy*. 1974, Yale U. P.]

Montague, R. & Kaplan, D. [1960]: "A paradox regained" *Notre Dame Journal of Formal Logic* 1: 79-90. [Reprinted in R. Montague, *Formal Philosophy*. 1974, Yale U. P.]

Myhill, J. [1960]: "Some remarks on the notion of proof" *The Journal of Philosophy* 57: 461-471.

Reinhardt, W. N. [1985]: "Absolute versions of incompleteness theorems" *Noûs* 19: 317-346.

Reinhardt, W. N. [1986]: "Epistemic theories and the interpretation of Gödel's incompleteness theorems" *Journal of Philosophical Logic* 15: 427-474.

Smullyan, R. [1982]: *Alice in Puzzle-Land*. Morrow, pp. 99-100.

Thomason, R. H. [1980]: "A note on syntactical treatments of modality" *Synthese* 44: 391-395.

Tymoczko, T. [1984]: "An unsolved puzzle about knowledge" *Philosophical Quarterly* 34: 437-458.

註

アガトン――あるいは嗜好と価値について

＊1　『饗宴』223B-D。

＊2　『饗宴』173Bによれば、アポロドロスは、そこでの記述の一部について、その正しさをソクラテス本人に確かめたことになっている。

＊3　この点については、アリアノス『ギリシア奇談集』第二巻第二十一章（松平千秋・中務哲郎訳、一九八九年、岩波文庫）参照。

＊4　もちろん、これらとまったく同じ古代ギリシアのことわざがあるわけではない。念のため。

＊5　アケストルとテオロスについては不詳。

＊6　古代ギリシアでは、ワインを水で割って飲むのがふつうであったことについては、丹下和彦『食べるギリシア人――古典文学グルメ紀行』（二〇一二年、岩波新書）第5章を参照。このことには触れられていないが、『饗宴』への言及を含む、古代ギリシアのワインの興味深い記述として、稲垣眞美『ワインの常識』（一九九六年、岩波新書）四三頁以下を参照。

＊7　『饗宴』213E-214A。

＊8　ワインを水で割らず生《き》のままで飲むことが、悪徳とみなされていたことについては、次を参照。James N. Davidson, *Courtesans and Fishcakes: The Consuming Passions of Classical Athens.* 2011, The University of Chicago Press, pp. 46-49.

＊9　ソクラテスをソフィストとして描いたアリストファネスの喜劇『雲』への言及か。『雲』が上演されたのは、紀元前四二三年だから、アガトン邸でのこの宴会が催された紀元前四一六年より七年も前である。

＊10 『メノン』80A 参照。

＊11 カリアスは、親譲りの資産のおかげで、当時のアテネでもっとも富裕な市民であったが、一代でその財産を蕩尽したことで有名である。『プロタゴラス』は、その舞台をかれの家に取っている。また、クセノフォンの対話篇『饗宴』もカリアスの家を舞台にしている。こちらの「饗宴」の設定年代は、プラトンの同名の作品のそれよりも前、紀元前四二一年、アリストファネスの『雲』の上演の翌年である。

＊12 こうした障害は現在「味覚消失症」や「無味覚症」という名前で知られているそうである。

＊13 古代ギリシアでワインの医学的効果がどのように考えられていたかについては、Davidson, *Op. cit.*, pp. 157-159 を参照。

＊14 悲劇の競演会の際に、コロス（合唱隊）に関わる諸費用を引き受ける、制作プロデューサー兼スポンサーとでも言うべき役割を務める裕福な市民。丹下和彦『ギリシア悲劇——人間の深奥を見る』（二〇〇八年、中公新書）一四頁。

＊15 プルターク『倫理論集（モラリア）』470F-471A。ただし、Davidson, *Op. cit.*, p. 191. によれば、これは誇張し過ぎだろうとのことである。

＊16 不詳。子供の食べ物か。

＊17 呉茂一訳『ギリシア・ローマ抒情詩選——花冠』一九九一年、岩波文庫、一七五頁。

＊18 アリストファネスのこの発言は、『雲』でのソクラテスの描かれ方とは矛盾する。

＊19 『プロタゴラス』342A-B。

＊20 『プロタゴラス』315D-E。

＊21 『プロタゴラス』309A。

＊22 古代アテネにおける、笛吹き女（アウレートリデス）については、Davidson, *Op. cit.*, pp. 80-82 を参照。また、プラトンの描くソクラテスが、笛吹き女を呼ぶような宴会をよく思っていないことについては、『プロタゴラス』347D を見られたい。ここでのソクラテスは、笛吹き女に対して、ずっと寛容であるようにみえる。

＊23 『饗宴』223D。

＊24 『饗宴』212B。

ケベス――あるいはＡＩの臨界

＊1 『パイドン』117-118を参照。

＊2 『ソクラテスの弁明』41Aを参照。

＊3 J. McCarthy, "Ascribing mental qualities to machines"（1979）への言及かと思われる。これが正しければ、この対話篇の舞台は一九七〇年代末のアメリカ（おそらく、西海岸）であろうという推測が成り立つ。しかし、以下の註のいくつかからもわかるように、もっと後の年代の文献への言及も存在しないわけではない。

＊4 集合論のことを指すのであろう。

＊5 ホワイトヘッド＝ラッセルの『数学原理』のことと思われる。

＊6 古代ギリシアにおける数の表記法について簡単に説明しておく必要があるかもしれない。その基本的発想は、1から9にギリシア語のアルファベットの最初の九つの文字、10、20、……90には次の九つの文字、100、200、……900に最後の九つの文字をあてるというものである。ただし、ひとつの問題は、ギリシア語のアルファベットは二十七個ではなく、二十四個しかないという点にある。その解決策は、6と90と900を表すために特別の文字を作るということであった。（これでは、999までの数しか表せないと思われるかもしれないが、それに対する解決策もあった。）この点、さらに、こうした表記法のもとでの計算法については、Graham Flegg, *Numbers: Their History and Meaning*, 1984, Penguin Books, Baltimore, pp. 62-63, 84-85, 92-94に簡潔な記述がある。

＊7 シミアスの使っているコンピュータがどういった機種であるかを特定することは、重要な研究課題であろう。

＊8　『パイドン』61Dによれば、ケベスとシミアスは、ともに、ピュタゴラス派のピロラオスから教えを受けたことになっている。

＊9　註6を参照のこと。

＊10　『原論』の編纂者とされるユークリッドのアクメー（盛期）は紀元前二八〇年あたりと伝えられているから、『原論』の成立は、ソクラテスの刑死（紀元前三九九年）から百年余ということになろう。

＊11　M. Dummett, *Frege: Philosophy of Language* (1973, Duckworth, London) のことであろう。七〇〇頁近い分量をもつこの本の初版の事項索引はたしかに半頁しかなかったが、第二版（1981）では、きわめて詳細な索引が付されている。

＊12　ゲーデルの（第二）不完全性定理のことを指している。ただし、ここでシミアスが「幾何学的真理」と言っているもののなかには、図形の量的性質（長さ、角度、面積など）にかかわる真理も含まれていると解釈するのが妥当であろう。

＊13　ケベスのこうした疑惑は当たっていない。「heuristic」は、疑いなくギリシア語起源の言葉であり、そのもとの意味もまた「発見する」である。

＊14　一九五九年にジェラーンター（H. Gelernter）がＩＢＭ704で幾何学の定理を証明したというのは、人工知能の歴史における有名なできごとである。また、ミンスキー（M. Minsky）は、それ以前に、実際のコンピュータを使うのではなく、自分自身がコンピュータをシミュレートすることによって、同様な証明を発見したと言う。次を参照されたい。J・バーンスタイン『心をもつ機械――ミンスキーと人工知能』（一九八七年、岩波書店）五三―五七頁。

＊15　プラトンの初期対話篇でのソクラテスの常套手段は、「勇気とは何か、勇気ある振る舞いに共通するものは何か」といった問いを出して対話の相手を窮地に追い込むことである。

＊16　『テアイテトス』201E-206Bを参照。

＊17　註8を見よ。

＊18　この指摘を私は松永雄二氏に負う。

＊19　ここでのケベスの主張は、ウィトゲンシュタインの次のような主張を思い起こさせる（これは、「計算する機械は『計算する』か?」という問いから始まる考察に属している）。「私はこう言いたい。数学の記号が「いわば」平服でも用いられるということは、数学にとって本質的である。／記号のゲームを数学にするのは、数学の外での使用、したがって、記号の意味なのである」（L. Wittgenstein, *Remarks on the Foundations of Mathematics*. 3rd Edition, 1978, Blackwell, Oxford, p. 257）

＊20　A. M. Turing, "Computing machinery and intelligence" *Mind* 59（1950）. 抄訳が次に収められている。D・R・ホフスタッター＆D・C・デネット（編著）『マインズ・アイ（上）――コンピュータ時代の「心」と「私」』一九八四年、TBSブリタニカ。

＊21　チューリング自身が、当時の社会に存在していた「性的抑圧」の犠牲者のひとりであったことも、現在では広く知られている。次を参照されたい。Andrew Hodges, *Alan Turing: The Enigma*. 1983, Simon and Schuster, Inc., New York. 邦訳アンドルー・ホッジス『エニグマ――アラン・チューリング伝（上・下）』二〇一五年、勁草書房。

＊22　この対話がなされたと推定される当時（とくにカリフォルニア周辺に）多数存在していたコミューンのいくつかを訪ねたのであろう。

＊23　類似の（!?）例として、パラノイア患者の真似をする「パリー Parry」というプログラムが存在する。K. Colby, *Artificial Paranoia*. 1975, Pergamon Press, New York.

＊24　ケベスが語る寓話は、「中国語の部屋」という名前で知られている。ただし、ここでケベスは、それを自由にアレンジしている。「中国語の部屋」が初めて述べられたのは、次の論文においてである。John R. Searle, "Minds, brains, and programs" *The Behavioral and Brain Sciences* 3（1980）417-424. 邦訳が次に収められている。D・R・ホフスタッター＆D・C・デネット（編著）『マインズ・アイ（下）』一九八四年、TBSブリタニカ。

＊25　同様な反論は、Daniel C. Dennett, "The milk of human intentionality" *Behavioral and Brain Sciences* 3（1980）428-30

にある。これは、前註のサールの論文と同時に掲載された批評のひとつである。

＊26　シミアスのこの反論は、次に見られるものと類似している。David Cole, "Thought and thought experiments" *Philosophical Studies* 45（1984）431-444. ただし、この論文では、コンピュータがプログラムに従うことは、天体の運動がある法則に従うことと同化されている。正しい類比は、むしろ、ある規則に従うように「設計されている」人工物とのあいだでなされるべきだというのが、シミアスの主張であろう。

＊27　これは、スタンリー・キューブリックの一九六八年の映画「２００1年宇宙の旅」に出て来るコンピュータと同名である。一九七〇年代を通じて、この映画は一種のカルト・ムービーとして、大学のキャンパスなどで盛んに上映されていたから、シミアスがこの映画を見たというのはありそうなことである。

＊28　ここまでのシミアスの説明は、次からヒントを得ているようである。Daniel C. Dennett, "Intentional systems" *The Journal of Philosophy* 68（1971）87-106.（Reprinted in D. C. Dennett, *Brainstorms*. 1978, Bradford Books, Montgomery, Vt.）

＊29　この点については、グライスが一九六七年に行ったウィリアム・ジェームズ講義に詳しい。この講義の記録は、（判読困難であることが多い）コピーの形で広く出回ったが、その全体が出版されたのは、グライスの死後になってからである。Paul Grice, *Studies in the Way of Words*. 1989, Harvard University Press, Cambridge, Mass. この論文集の部分訳、ポール・グライス『論理と会話』（一九九八年、勁草書房）にはこの講義の全体が含まれている。

＊30　ここでケベスが出している論点は、「中国語の部屋」の寓話を最初に語ったサールがもっとも力点をおく論点――シンタックス（統語論）からセマンティクス（意味論）を導くことはできない――である。註24に挙げた論文の他に、次のものを参照。John R. Searle, *Minds, Brains and Science*. 1984, BBC Publications, London（ジョン・サール『心・脳・科学』二〇一五年、岩波書店）.; John R. Searle, "Minds and brains without programs" in Colin Blakemore and Susan Greenfield (eds.), *Mindwaves*. 1987, Basil Blackwell, Oxford.

あとがき

古代ギリシアで、ソクラテスを主人公とする対話篇を書いたのは、プラトンが最初でもなければ、最後でもない。アリストテレスは、その『詩学』のなかで、ソクラテス対話篇をソフロンのミモス劇と一緒の文学の一ジャンルであるとしている（1447b）が、そのときかれの念頭にあったのは、自身の先生だったプラトンによるものだけではなかったはずである。たとえば、プラトンの「パイドン」のなかで言及されている十八人のソクラテスの弟子のうち、その半数がソクラテス対話篇を書いたと伝えられている。ただ残念なことは、そのなかで、ほぼ完全な形で現在まで伝わっている対話篇は、プラトンのものだけである（それ以外に完全な形で伝わっているのは、クセノフォンによるものが唯一であるが、「パイドン」にはかれの名前は挙がっていない——それどころか、プラトンのどの著作にも、かれの名前は現れないそうである）。

こうした弟子たちによるソクラテス対話篇は、ソクラテスの言動を記録しておくため、あるいは、死刑に処されたソクラテスの無実を人々に広く知ってもらうためといった動機で書かれたものだと思われる。しかし、ソクラテスとその対話相手との問答という形式が、哲学的議論を表現するのに適しているだけでなく、文学的にも大きな可能性をもつものとして、創造的な仕方で使われるようになったことに何の不思議もない。いわゆる中期以降のプラトンの作品がそのもっともめざましい例である。こうして、ソクラテスからずっと後の時代になっても、ソクラテスを主人公とする対話篇が書かれ、そのうちのあるものは、プラトンの手になるものと誤解されて、プラトン全集の一部に組み込まれたりした――その実例を、岩波書店版の『プラトン全集』の第十五巻で目にすることができる。

ソクラテス対話篇という形式は、二十世紀になっても、しばしば使われた。わが国で早くから紹介されたのは、黄泉の国でソクラテスとパイドロスが語り合う、ポール・ヴァレリーの「エウパリノスもしくは建築家」(一九二一年)、同じ作者による「魂と舞踏」(一九二三年)、また、アンドレ・ジッドの「ソクラテス的対話」と銘打たれてはいるがソクラテスの登場しない「コリドン」(一九二四年)といったフランスのものである。もっと新しいものでは、自身、独創的な哲学者であり、『善の至高性』(一九七〇年)と『火と太陽』(一九七七年)という二冊の優れたプラトン研究の著者でもある、イギリスの小説家アイリス・マードックの『アカストス――二つのプラトン的対話』(一九八六年)がある。

しかしながら、ここに収めた四篇のなかでもっとも古い「偽テアイテトス」を書いたときに私が意識していたのは、こうした「文学的」なものであるよりも、むしろ啓蒙的な読み物のために対話篇の形式を使うというアイデアであっただろう。もう三十年近くも昔のことであるから、はっきりとは覚えてはいないのだが、ハンガリーの数学者アルフレッド・レニイの書いた『数学についての三つの対話――数学の本質とその応用』（好田順治訳、一九七五年、講談社ブルーバックス）から、このアイデアをもらったのではないだろうか。三つの対話の主人公は、順番に、ソクラテス、アルキメデス、ガリレオで、どれも感心して読んだ記憶がある。だからたぶん、『現代思想』の編集者からゲーデルの特集をするから何か書いてくれと言われたときに、ソクラテス対話篇の形で「知者のパラドックス」を解説しようと考えたのだろう。知識の概念が問題となっている以上、「テアイテトス」の設定を借りるのは当然だと思われた。

実際に対話篇の形式を使ってみると、いろいろな工夫が思いつかれて、じつに楽しく書けたので、これに味を占めて次に書いたのが「ケベス」である。これも依頼されて書いたもので、当時二回目のブームとなっていたＡＩをテーマにということだったので、古代の機能主義者と評されることもある「パイドン」の登場人物シミアスにＡＩの代弁者になってもらい、シミアスと対になって登場するケベスとやりあうというストーリーを考えた。三回目のＡＩブームと言われる現在からみれば、いろいろ古いと感じられるところもあることは、「後記」に書いた通りである。

テーマが前もって与えられていたこの二篇が、啓蒙的な意図で書いたものであるのに対して、残りの二篇は、ソクラテス対話篇の形式を探索的に使おうとしたものである。つまり、すでにある議論をわかりやすく紹介するというよりは、まだはっきりとした道のつけられていないところを手探りで進もうとしたものである。また、この二篇は、プラトンの対話篇のある特定の箇所を出発点にしているという点でも共通している。「意味と経験」では「テアイテトス」のある箇所が、そして、「アガトン」では「饗宴」の終わり近くの一節が、そうした出発点になっている。

日本語訳によってではあるが、プラトンの対話篇に親しむようになったのは、二十代の終わりに初めて私が大学で教えるようになったとき熊本大学で一緒だった岡部勉氏のおかげである。また、かれとその夫人の岡部由紀子氏を通じて知るようになった、九州大学の松永雄二先生とそのお弟子さんたちの影響も大きい。哲学というものが、遠い昔に死んだ、よその国の昔の言葉で書かれたものを、辞書を引きながら読むことではないということを、私が最初に実感したのは、まだ学部の学生のときに出会った大森荘蔵先生を通じてであったが、遠い昔に死んだ、よその国の昔の言葉が、哲学とは無縁ではないどころか、もっとも強く訴えてくるものでもありうるということを学んだのは、松永先生からであった。「意味と経験」は、この松永先生への献呈論文集のために書いたものである。

一九八九年から一九九二年の三年のあいだに、これら三つのソクラテス対話篇を書いた後、また同様の対話篇をいつか書きたいと思いながら二十五年が経ってしまった。新しいソクラテス対話篇を書くきっかけを与えてくれたのは、私の旧著『クリプキ』（二〇〇四年、ＮＨＫ出版）をちくま学芸文庫で出すことをすすめてくれた筑摩書房の平野洋子さんである。『クリプキ』が、それを大幅に増補した『規則と意味のパラドックス』として、ちくま学芸文庫に加わったのは昨年の秋だったが、たぶんその頃、何か本の形にしたいものはないですかと平野さんに尋ねられたのだと思う。そこで、昔書いた三篇のソクラテス対話篇のことを話したところ、これだけでは本一冊には足りないけれども、あと一篇か二篇付け加えれば本にできるし、それどころか、ぜひ本にしましょうということになった。これは私にとっても長年の願いを叶えるよい機会となった。こうして書いたのが、本書の最初に収めた「アガトン」である。この対話篇が下敷きにしている「饗宴」は、プラトンの対話篇のなかでも「パイドロス」と並んで、もっとも文学的価値の高いものという評判があるだけに、「何と大それたことを」と思われる読者もいるのではないかとおそれるが、あまりそこには目くじらを立てずに、読み物として楽しんでいただければと思う。

『規則と意味のパラドックス』のときにも増して、平野さんにはお世話になった。四分の一世紀も前の旧作にふたたび活字になる機会を与えてくださったこと、ならびに、それに新しく一篇を付け加えることを可能としてくださったこと、さらに、それらが一冊の本となるまでの過程のすべてにおいて細かく配慮していただいたことについて、深く感謝する。

二〇一七年九月十七日

飯田　隆

さ　行

た　行

な　行

は　行

ら　行

わ　行

索引

あ行

か行

飯田 隆（いいだ・たかし）

1948年北海道生まれ。主に言語と論理にかかわる問題を扱ってきた哲学者。東京大学大学院人文科学研究科博士課程退学。熊本大学、千葉大学、慶應義塾大学で教え、現在、日本大学文理学部教授。慶應義塾大学名誉教授。科学基礎論学会理事長と日本哲学会会長を務めた。著書に『言語哲学大全』（全4巻、勁草書房）、『ウィトゲンシュタイン――言語の限界』（講談社）、『規則と意味のパラドックス』（ちくま学芸文庫）、編著に『ウィトゲンシュタイン以後』（東京大学出版会）、『ウィトゲンシュタイン読本』（法政大学出版局）、『哲学の歴史 11――論理・数学・言語』（中央公論新社）など多数。

初出

アガトン――あるいは嗜好と価値について

　本書のために書き下ろされた

ケベス――あるいはAIの臨界

　『現代哲学の冒険 9――ゲームと計算』（岩波書店、1991年）所収

意味と経験――テアイテトス異稿

　『プラトン的探究』（森俊洋、中畑正志編、九州大学出版会、1993年）所収

偽テアイテトス――あるいは知識のパラドックス

　『現代思想』1989年12月号（青土社）所収

新哲学対話《しんてつがくたいわ》――ソクラテスならどう考《かんが》える？

2017年11月9日　初版第1刷発行
2018年1月30日　初版第2刷発行

飯田　隆――著者
山野浩一――発行者
株式会社　筑摩書房――発行所
東京都台東区蔵前2-5-3　郵便番号111-8755
振替00160-8-4123
株式会社　精興社――印刷
株式会社　積信堂――製本

ISBN978-4-480-84314-2　C0010

乱丁・落丁本の場合は、下記宛にご送付下さい。
送料小社負担でお取り替えいたします。
ご注文・お問い合わせも下記へお願いします。
〒331-8507　さいたま市北区櫛引町2-604　筑摩書房サービスセンター
TEL　048-651-0053